新知图书馆

第二辑

U0813476

40个环保和环境科学实验

ENVIRONMENTAL PROTECTION

【美】阿维娃·埃布内　帕梅拉·沃克　伊莱恩·伍德/著

马　晶　王一茗　刘淑华　邱　硕/译

上海科学技术文献出版社
Shanghai Scientific and Technological Literature Press

图书在版编目（CIP）数据

40个环保和环境科学实验 /（美）阿维娃·埃布内，（美）帕梅拉·沃克，（美）伊莱恩·伍德著；马晶等译．—上海：上海科学技术文献出版社，2019

ISBN 978-7-5439-7880-5

Ⅰ．①4… Ⅱ．①阿…②帕…③伊…④马… Ⅲ．①科学实验—初中—教学参考资料 Ⅳ．①G634.73

中国版本图书馆CIP数据核字（2019）第074860号

Editor: Frank K. Darmstadt
Copy Editor for A Good Thing, Inc.: Betsy Feist
Project Coordination: Aaron Richman
Art Director: Howard Petlack
Production: Victoria Kessler
Illustrations: Hadel Studios

图字：09-2019-281

策划编辑：张 树
责任编辑：于学松 苏密娅
封面设计：许 菲

40个环保和环境科学实验
40GE HUANBAO HE HUANJING KEXUE SHIYAN
[美]阿维娃·埃布内 帕梅拉·沃克 伊莱恩·伍德 著 马晶 王一茗 刘淑华 邱硕 译
出版发行：上海科学技术文献出版社
地 址：上海市长乐路746号
邮政编码：200040
经 销：全国新华书店
印 刷：常熟市人民印刷有限公司
开 本：720×1000 1/16
印 张：14.5
字 数：244 000
版 次：2019年6月第1版 2019年6月第1次印刷
书 号：ISBN 978-7-5439-7880-5
定 价：48.00元
http://www.sstlp.com

序 言

当你听到“科学”这个词时，最先想到的是什么？是否和大多数人一样，想到陈列着各种各样玻璃器皿和许多精密仪器的实验室？想到总是身着白大褂，整日埋头于各种实验，满脸严肃的科学研究人员？虽然在许多地方这种对科学家的传统看法仍然是正确的，但是实验室却不是唯一存在科学的地方。在某个建筑工地、篮球场甚至是一场你喜爱的乐队的演奏会上，都可以发现科学。实际上，科学无处不在。我们在厨房里做饭时要用到科学；画画时要用到科学；建筑师设计建筑物时要用到科学；甚至解释为什么你最喜欢的棒球选手可以打一个本垒打也要用到科学。

几个世纪以来，人类不断地对周围世界进行探索和研究，从中获得的知识不断积累成科学。科学知识的代代传承通过一系列的教育活动得以实现。所有科学教育活动的一项基本目的就是培养年轻人具有批判性思维和解决问题的能力，而这些能力是受益终身的。

科学知识教育具有学术独特性，不仅要展现事实规律、传授技能，更要培养学生的好奇心和创造性。因此，科学是主动的过程，不可能完全用被动的教学方法实现上述目标。教育工作者时常面临“科学教育的最佳途径是什么”这样的难题。尽管尚无确切答案，但是教育界的一些研究成果还是为我们带来了有益的启示。

研究表明，学生必须积极主动地参与科学实践，通过切身体验学习科学知识。我们要鼓励人们摆脱和超越书本，敢于质疑，提出新奇的设想，进行大胆的预测和假设，自己设计实验内容和步骤，并能收集相关信息，记录实验数据，分析所发现的结果，利用各种资源来拓展知识。换言之，在学习科学的过程中，不能只用耳朵“听”，还必须动手“做”。这也就是学科学的最佳方法——“做”科学。

所谓“做”科学就是进行科学实验。涉及科学的课程当中，实验部分发挥着多项教育功能。在很多情况下，需要实际操作的教学活动能有效地激发学生的兴趣，有助于新课题的导入。例如，我们介绍某一有争议的实验，会激发学生的探究欲望并解开现象背后的谜团。课堂上的调查研究活动也有助于学生温故知新。根据神经科学的理论，科学实验和其他学习实践活动有助于将新知识从短期记忆转化成长期记忆。以实践活动和实验为主的“做”科学不仅有助于学生掌握科学概念，而且有助于培养当今年轻人对科学的兴趣。

为此，我们策划了这套“新知图书馆”系列丛书，汇集了天文、地理、物理、化学、生物、海洋、机械、音乐、体育、艺术、建筑、环境等多个领域的科学内容，我们将通过实验验证这些学科内容在日常生活中的应用，通过简单的实验吸引学生兴趣，使之能够进行实践操作，实现我们所说的“做”科学。丛书每个分册围绕一到两个主题设计了 20～40 项实验，实验所用的材料大多都是生活中常见的物品。各类实验配有插图和图解，便于抓住学生注意力，直观地传递信息。所有实验都会综合调动学生进行科学探究的各方面技能，诸如观察、测量、归类、分析以及预测等。此外，某些实验要求学生通过自己设计并完成开放式实验项目，锻炼其探究科学的能力。

书中大多数的实验都是要求在教师和成年人的指导下，以小组的形式进行的，这其中的一个好处是学生们有机会通过社会交往途径进行学习，使得学生有了集思广益和相互学习的机会。神经科学的研究成果证明，小组学习是一种有效的学习手段，人脑是具有社会属性的器官，人际交流和相互协作能提高学习的效果。

“新知图书馆”系列丛书的目标是借助实验激发学生学习科学的兴趣，传授基本的科学概念，培养批判性思维能力。当学生完全沉浸在丰富的实验环境中，他们会经历许多惊喜并得到意外收获，体验到新旧知识融合以及豁然开朗的非凡乐趣。在这样的条件下，学习活动才真实生动而又效果持久。

我们希望当你们完成这些实验时，能对身边的世界有更好的了解。也许阅读这套书并不能使你们成为一流的运动员或数一数二的科学家，但是我们希望这些实验能够激发你们去发现日常生活中的科学，也能鼓励你们把我们的世界变得更加美好。

目 录

环 境 篇

实验前必读

在开始任何实验前仔细阅读

每项实验都包括与具体主题相关的特别安全提示。这些提示不包括那些在做其他任何科学实验时都必须注意的基本规则。因此，你必须仔细阅读下面的安全准则，并时刻牢记在心。

科学实验很容易有危险，规范的实验步骤应该包括细致的安全守则。在实验过程中随时会有意外发生，例如，材料可能会溢出、破碎，甚至着火。发生危险时你甚至来不及自我保护。在整个实验过程中，不论是否会对你造成危险，你都要严格遵守下面的安全提示，时刻警惕意外危险发生。

对每个独立的实验我们都设计了比较保守的安全预防措施。所以，我们希望你能认真对待本书中的所有安全提示。正是因为非常危险，因此你应该明确看到了这些提示。

因为时刻记住所有的规则并不容易，所以在开始每一项实验之前和准备每一项实验时都要重新阅读这些规则，这样你就会在实验的每一个危险关头注意保持安全。此外，在做那些会发生潜在危险的步骤时，你要运用自己的判断力，时刻保持警惕。虽然书中并没有提到“小心热的液体”或“不要用刀划破你的手指”，但并不表示你在烧水或在塑料瓶上打洞时可以疏忽大意。书中的安全提示只是一些特别的提醒。

安全准则

粗心、仓促、缺乏知识或不必要的冒险都会引发事故，采取安全的步骤和在整个实验过程中都保持警惕可以避免上述危险。一定要阅读书中每项具体实验后附加的安全提示和遵从需要成人监督的要求。如果你是在实验室里做实验，记住不要一个人操作。如果不是在实验室里做实验，要至少3个同学一组，并严格遵守学校和各地的法律对监督人员数量的要求。请求具有急救知识的成人监护员看护，并准备好急救包。确保在实验过程中人人都知道急救员的位置。

准　备

- 在实验之前清理桌面，保持干净。
- 开始实验之前，阅读整个实验说明。
- 了解实验中的危险和可预料的危险。

自我保护

- 有步骤地遵守实验说明。
- 每次只做一个实验。
- 确定安全出口、灭火毯和灭火器的位置，关闭燃气和电源开关，准备好洗眼水和急救包。
- 确保充分通风。
- 不要喧闹嬉戏。
- 不要穿露脚趾的鞋。
- 保证地板和工作间干净、整洁、干燥。
- 立即清除溢出物。
- 如果玻璃器皿破裂，不要自己打扫，请求教师帮助。
- 把长头发束到脑后。
- 不要在实验室或工作间里吃东西、喝饮料或吸烟。
- 除非有知识丰富的成人明确告知，否则不要食用任何实验用的材料。

小心使用器材

- 不要把仪器竖立在桌子边缘。
- 小心使用刀子或其他尖锐的仪器。
- 拔电源插头，而不是拔电线。
- 使用前后都要清洗玻璃器皿。
- 检查玻璃器皿的擦痕、裂痕和尖锐边缘。
- 玻璃器皿破碎了要立即通知老师。
- 不要让反射光照射你的显微镜。
- 不要触摸金属导体。
- 小心用电。
- 使用酒精温度计，而不是水银温度计。

使用化学品

- 不要品尝或吸入化学品。
- 在盛有化学品的瓶子和仪器上贴好标签。
- 仔细阅读标签。
- 避免化学品接触皮肤和眼睛（戴安全镜或护目镜、实验用围裙和手套）。
- 不要触摸化学溶液。
- 使用溶液前后要洗手。
- 彻底清除溢出物。

加热物质

- 在加热材料时戴安全镜或护目镜、围裙和手套。
- 使你的脸远离试管或烧杯。
- 当在试管里加热物质时，避免把试管的顶端对着其他人。
- 使用耐热玻璃制成的试管、烧杯和其他玻璃器皿。
- 不要使仪器处于无人看管状态。

- 使用安全钳和耐热手套。
- 如果你的实验室没有耐热工作台，把本生灯放在耐热垫上之后再点燃。
- 点燃本生灯时要注意安全；点燃本生灯时保持通气孔关闭，使用本生灯专用打火机而不用火柴。
- 使用电炉、本生灯和燃用气体完毕后立即关闭。
- 使易燃物远离火焰或其他热源。
- 手边准备一个灭火器。

实验结束

- 彻底清理你的工作场所和任何使用过的玻璃器皿。
- 洗手。
- 小心不要把化学品或污染了的试剂放入错误的容器。
- 不要在水槽里处理材料，除非要求这样做。
- 清理所有的残留物，把它们放到正确的容器里进行处理。
- 按照各地法律规定处理化学品。

随时保持安全意识！

环 保 篇

简　介

媒体每天都会有关于污染、气候变化和资源减少的警告，这些报道使大众意识到了环境科学的重要性。过去这些仅属于生物学家、地质学家和气象学家研究的领域目前已经逐步形成环境科学这一学科下越来越多的专门学科。这些专门的学科包括对动植物特殊物种的研究、气候的变化、历史科学、古生物学、极低冰川的变化研究以及许多其他学科。自然环境在人类社会生活及经济生活中起到了至关重要的作用。我们从周围的生存环境中获得食物、能量、药物、娱乐和工业产品。自然多样性的特点使人们不得不作出选择。人类选择更加有效地利用自然世界提供给我们的物质资源，人类的决定是非常重要的。人类社会取得了进步，然而人类社会的进步是需要代价的。人类目前给环境带来的压力已经超过了以往任何时候。集约耕作已经取代了更传统的耕作方式；旅游业对山区和沿海地区造成了一定的影响；政府实施的工业政策对河流、海岸和山脉有直接的影响；水坝建设、公路网和其他建筑项目也对环境变化起到了一定的作用；林业管理的特定方面导致了物种多样性的减少和土壤侵蚀。其中最为明显的是，随着人类对自然界的过度开采，野生动植物栖息地、物种多样性和动物的数量都在明显地减少。随着时间的流逝，我们将会看到植物群和动物群物种的持续减少。所以这一切都是人类活动造成的——人类活动对土地、空气和水的质量造成了破坏。然而，在决定自己的职业生涯前，我们有机会去影响别人或者被别人影响，从而在如何保护环境方面奉献自己的一份力量。如今的孩子生长的年代里存在着可回收垃圾、环保产品、混合型汽车和其他环保的科技产品。将问题留给我们后代去解决的年代已经一去不复返了。人们对环境的多年破坏和污染造成了大量栖息地的消失和资源锐减。从有毒废物到石油泄漏，这些事件使地球的一些地方被严重地破坏和污染。

幸运的是，如今的人们，特别是孩子们，似乎更加意识到了人类是与动植物共同生活在地球上的。人们长期以来一直认为人类应该尊敬自然。他们的传统与自然保持着密切的联系并且承认所有的物种在地球上都有自己存在的价值和意义。他们断言人类必须维持自然平衡，必须与周围的世界和睦相处。显而易见的是，人们对环境造成的破坏是由于缺少预防措施。英国石油公司石油泄漏事件也许是近年来最严重的环境污染事件。2010 年 4 月 20 日，深海区石油钻塔在海湾钻孔时发生爆炸，11 名工人死亡，17 名工人受伤。爆炸造成海底油井沼气上升聚积并开始燃烧。油井喷发造成了油井漏洞，大量原油涌入海洋。尽管人们不知道爆炸造成的原油泄漏的确切速度，但是人们估计每天原油泄漏量达到 3.5 万—6 万桶。浮油迅速地在海面扩散，在美国墨西哥湾沿岸各州的沙滩上形成了焦油颗粒。水面下的油柱仍在扩散。负责此项工程的英国石油公司已经尽力减缓或阻止原油泄漏。然而，几个月之后，尽管漏油量和漏油速度得以控制，但是仍有原油不断地注入海洋。几个月的石油泄漏事件对环境和野生动植物造成了严重的影响。尽管工作人员努力阻止石油扩散到当地的沼泽地、海滩和江河入口，但大量的海洋动物栖息地已经遭到了严重的破坏。石油回收船、防泄漏浮木档栅和隔离物都已经投入使用，但还是不能截断所有泄漏的石油。泄漏的石油已经到达了得克萨斯州、佛罗里达州、密西西比州、路易斯安那州和阿拉巴马州的海岸。短期的目标是清除焦油致死的鸟类、海洋哺乳动物和其他海洋生物，但是人们还尚未明确石油泄漏对于海洋生物的长期影响。

作为“新知图书馆”系列丛书的其中一部分，本书“环保篇”中的 20 个环保科学实验能开拓学生的视野，让他们更加清楚地意识到我们现在所面临的挑战——人们应该在利用自然资源和保持健康的自然环境之间保持一定的平衡。可以使学生简单地了解环境科学这一学科，激发孩子的兴趣，也许会有孩子在未来将环境科学的某一领域或者多个领域作为自己的职业。在每个实验前都有介绍性的段落。在“石油泄漏与环境”实验中，学生将小规模地体验石油泄漏对环境的破坏，通过清理泄漏的石油，学生能够更加深刻地了解石油泄漏对野生动植物的影响。因为之前发生的英国石油公司石油泄漏事件，学生们要开展的这项实验更具相关性。在之后的实验“酸雨”“减缓侵蚀”和“制造垃圾填埋场模型”中，学生将更加深入地学习人类对环境产生的影响。另一方面，学生有机会在实验中了解到人们可以用一些积极的方式影响地球的环境。如在实验“自然循环”

中，学生可以检验垃圾填埋场中什么物质可以被降解，什么物质不能被降解；如何制作一个利用太阳能将水蒸馏的“太阳能蒸馏器”；实验“过滤水来防止污染”讨论了可以将水污染的污染物；而实验“研究代用燃料”旨在寻找可替代的矿物燃料。“生物多样性实验”证明了地球不同地方有机生物的多样性，体现了人类对这些有机生物的感激之情。在实验“土壤湿度和透湿性”和“确定土壤质量”中，学生们将了解岩石、土壤、泥土、黏土、沙子和水的作用。实验“沙漠适应性和水”涉及有机生物如何在干燥气候里生存。实验“自然演替：森林罐”帮助学生了解如何创造一个栖息地；实验“蒲公英的栖息地”展示了有机生物在适合的环境下茁壮成长；实验“将动物与其所属的生物群落相匹配”涉及学生所学的关于适应环境的知识，该实验可以检验学生运用所学知识的能力。实验“淡水栖息地研究”使学生能够掌握水环境的第一手资料并判断污染对环境造成的影响。

上述实验和本书“环保篇”中的其他实验旨在提高人们对环境的意识，使人们更加深刻地了解到环境变化对人类和其他有机生物的影响。本篇还介绍了我们将如何阻止或者减慢人类对动物栖息地的破坏。可以激发学生今后继续进行相关领域的学习，在未来的某一天为拯救我们的世界作出自己的贡献。如今的学生将成为我们地球的拯救者。正如美国原住民的谚语所述“我们的土地并非自祖先手中所继承的，而是从子孙那里所借取的”！

实验 1　石油泄漏与环境

简　介

2010 年 4 月 20 日，一个名为“深海地平线”的深海石油钻井平台发生了爆炸，该石油钻井平台属于英国石油公司(BP)。爆炸导致 11 名船员死亡，并造成了有史以来最为严重的石油泄漏。与此次漏油事件相比较，埃克森石油公司在 1981 年发生的瓦尔迪兹漏油事件产生的破坏性就轻微得多了。

石油泄漏是指液态的石油产物流入海洋，造成严重的环境污染。石油产物可能是原油、汽油、柴油或者机器润滑油。虽然石油也能从土壤中泄漏，但通常情况下，它们是从油轮或者船上泄漏的。石油泄漏对环境和局部生态系统常常具有破坏性。石油粘在鸟类的羽毛上会降低鸟的浮力，鸟清洁羽毛时会吞咽下羽毛上的石油，这会造成鸟的死亡。如果海洋哺乳动物接触到石油，它们的皮毛会失去保温能力，进而因体温下降而死亡。石油阻碍阳光照入水中，这会降低海洋植物的光合作用能力，从而使生活在海洋中的植物受到威胁。这些海洋植物死后，以它们为食的动物就会死亡。同时，生活在这些植物中的鱼类也会死亡。油在水面上漂移，很多区域将会受到影响。因此，一次石油泄漏事件会对多种生态系统造成严重的破坏。

石油泄漏事件一旦发生便无法逆转，同时，清理泄漏的石油非常困难。在本实验中，你将制造一个石油泄漏模型，并且要找出清理漏油的最佳方法。

实验时间

1小时

实验材料

- 铝饼盘
- 能够装满铝饼锅容积2/3的水
- 1杯用过的汽油(如果找不到用过的汽油,你可以使用1罐新汽油)
- 15—20块小石块
- 2杯沙子(约473毫升)
- 1把草
- 4根羽毛
- 一些小木块或者树枝
- 1/4杯餐具洗涤剂(约59毫升)
- 抹布
- 1/2杯洗衣剂(约118毫升)
- 电风扇
- 1张纸
- 钢笔或者铅笔

安全提示

请仔细阅读并遵守本书“实验前必读”中的“安全准则”。

实验步骤

1. 把小石块沿着铝饼盘的一个边缘摆放(图1)。
2. 把沙子总量的3/4倒在石块周围来制造一个海岸线的模型(图2)。

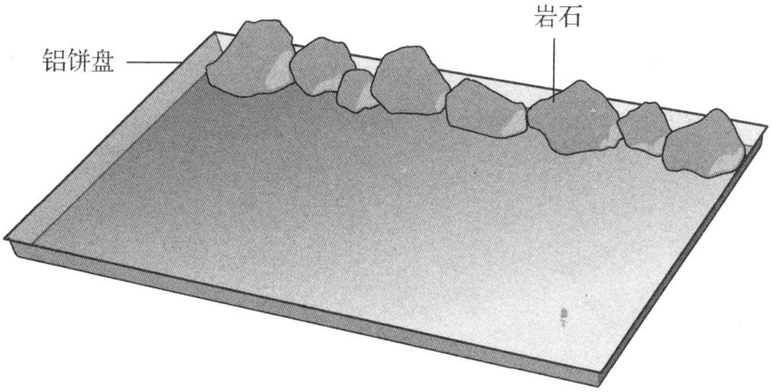

图 1

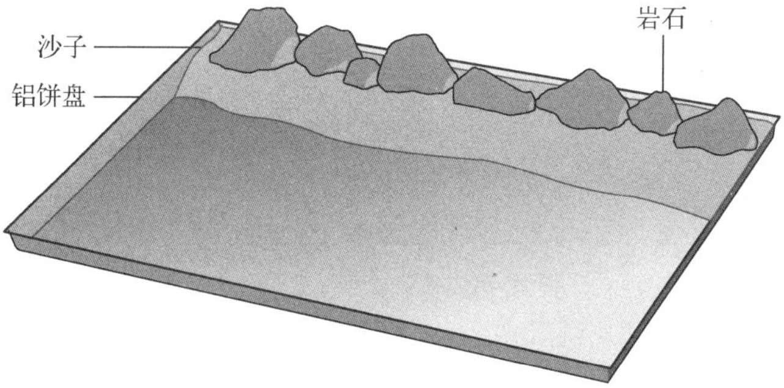

图 2

3. 把一些小木块和草放在你制作的海岸线模型上，它们将代表植物生命。把它们粘到沙子和石块中间。

4. 从海岸线相对的一侧向铝饼盘中倒水。水量达到铝饼盘的 2/3。

5. 把羽毛放在水中代表生活在海岸线的鸟类。

6. 把汽油倒入水中代表石油泄漏。

7. 放置好电风扇并打开，使风朝向海岸线方向轻吹(图 3)。

8. 观察染油的水、羽毛和海岸线分别发生了什么变化。

9. 记录你观察到的结果。

10. 分别用下列物品尝试清除水中和海岸线上的漏油：

① 抹布

② 餐具洗涤剂

③ 洗衣剂

④ 剩余的沙子

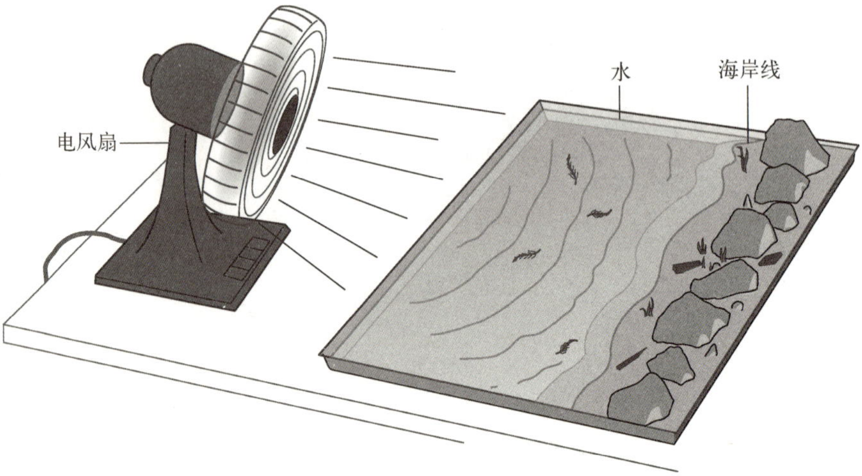

图 3

如果必要的话，在你检验上述每种清洁物品时，可以加入更多的水和油。

11. 在数据表中记录下你观察的结果。在数据表中相应的区域记录下每种清洁物品的有效性。清洗有效果的记录为“是”，没有效果的记录为“否”，有部分效果的记录为“部分”。

数 据 表

清洁剂	海岸线	水	植 物	羽 毛
抹 布				
餐具洗涤剂				
洗衣剂				
沙 子				

分 析

1. 在观察了石油泄漏对羽毛和植物的影响之后，你认为现实生活里发生的石油泄漏事件是如何影响海岸线上的植物和鸟类的？

2. 在清洁被污染的各个区域时，哪种清洁物品的效果最差？

① 海岸线

② 水

③ 植物

④ 羽毛

3. 在清洁被污染的各个区域时，哪种清洁物品的效果最好？

① 海岸线

② 水

③ 植物

④ 羽毛

4. 除了上述的清洁方法，你还能想到哪些效果更好的清洁方法？

我们的发现

请参见附录中的“我们的发现”。

实验 2 酸雨

简 介

酸雨是指含有大量氢离子的降水。氢离子使降水的 pH 值降低并使降水具有酸性。通常情况下，酸雨是由含有硫、氮和碳的污染物引起的。包含这些元素的混合物与水蒸气发生反应从而形成了酸雨。酸雨对植物、动物，甚至建筑物都会产生不好的影响。人们知道许多建筑物被酸雨腐蚀的实例。然而，人们最关注的还是酸雨对生物的影响。美国国会在 1980 年通过了《酸雨沉积法案》，并开始对环境进行评估。1990 年美国国会又通过了《空气净化法案》。此后，美国政府开展了多项研究，并通过了多个法案。多年的研究使许多危险的污染物减少了。然而，酸雨的问题并没被彻底消除。目前仍有一些湖泊的水呈现出酸性，使某些类型的鱼存活率下降。

在本实验中，你将模拟一场酸雨并研究它对植物的影响。

实验时间

20 分钟准备，4 周完成

实验材料

- 2 个 10 厘米高的花盆

- 2 株迷迭香
- 足够装满两个花盆的盆栽土壤
- 1 瓶醋
- 1 瓶水
- 钢笔或者铅笔
- 1 张纸
- 2 根工艺棒
- 黑色记号笔

安全提示

请仔细阅读并遵守本书“实验前必读”中的“安全准则”。

实验步骤

1. 把盆栽土倒入两个花盆中。
2. 在每个花盆中种植一株迷迭香(图 1)。

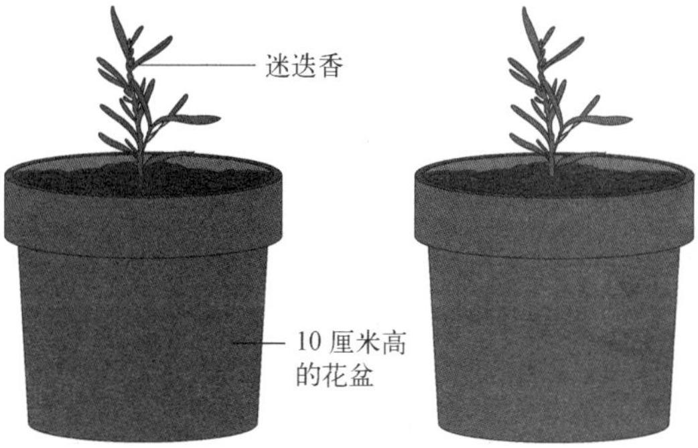

图 1

3. 使用黑色记号笔在一根工艺棒上写上“醋”,在另一根工艺棒上写上“水”。
4. 每一个花盆中插入一根工艺棒(图 2)。
5. 用醋浇灌标有“醋”标签的花盆,使土壤湿润。
6. 把水倒入标有“水”标签的花盆中。

图 2

7. 每天持续为两盆植物浇灌与花盆所插标签相对应的液体。

8. 在接下来 4 周时间里，将你所观察到的两盆植物发生的变化记录在数据表中。

9. 在最后一周，把两株植物从各自的花盆里拔出来，并观察它们的根部系统。

数 据 表

植物类型	观察结果 第 1 周	观察结果 第 2 周	观察结果 第 3 周	观察结果 第 4 周
浇醋的植物				
浇水的植物				

分 析

1. 醋是一种酸。通过上述信息，你认为本实验是如何模拟酸雨影响的？

2. 在最初的两周，你注意到这两株植物有哪些不同？

3. 在 4 周后，你注意到这两株植物的根部系统有哪些不同？

4. 因为污染会导致酸雨，通过污染和酸对植物生长造成影响这一实验，你学到了什么？

我们的发现

请参见附录中的“我们的发现”。

实验 3　减缓侵蚀

简　介

侵蚀是指土壤、沉积物、岩石和其他粒子被从其所在环境移走并带到其他地方的过程。侵蚀可能是由水、风、冰或者土地的缓慢下沉引起的。风化就是一种侵蚀。风化是指岩石随着时间的流逝被分解(侵蚀)。人们利用土地的方式可以加快或者减缓侵蚀的过程。在山坡上种植树木和建造梯田是减缓侵蚀的两种方法。侵蚀较为严重的地区可能会造成水体中堆积大量的沉淀物,这会对生态系统产生不利的影响。并且,侵蚀较为严重还会引发洪水并导致死亡。过度放牧会减少植物的数量,而植物的根系可以固定土壤,从而减缓侵蚀。

在本实验中,你将模拟使用植被减缓侵蚀的情况,并分析你的观察结果。

实验时间

1 小时

实验材料

- 1 个 2 升的空塑料苏打汽水瓶
- 2 个正方形的玻璃烤盘

- 1个喷壶
- 1把剪刀
- 大约2升的庭院或者花园里的土壤
- 见方的木头支柱，长约0.6米，可以在木场找到
- 草皮，约10厘米×24厘米大小，可以在苗圃或者园林绿化处找到
- 一小袋塑料士兵或者塑料牛仔，可以在玩具店中买到
- 约6杯水(约1.5升)
- 量杯
- 1张纸
- 钢笔或者铅笔

安全提示

请仔细阅读并遵守本书“实验前必读”中的“安全准则”。使用剪刀时要特别小心。

实验步骤

1. 使用剪刀剪断塑料苏打汽水瓶的瓶颈(图1)。
2. 然后，使用剪刀将塑料瓶纵向剪成两半(图2)。
3. 将其中一个半瓶装满土。
4. 把另一个半瓶用土装到半满。
5. 在第二个半瓶中的土上种上草皮。
6. 把两个半瓶分别放在两个烤盘里。
7. 在两个烤盘里，分别用木头支柱把两个半瓶的底部一侧垫高，调整木头支柱的位置，从而使两个半瓶都呈倾斜状(图3)。
8. 分别在每个烤盘里竖立一些玩具士兵。
9. 将3杯水注入喷壶中。
10. 向只装有土的半瓶中倒水。
11. 观察放在烤盘中的士兵发生了什么变化。

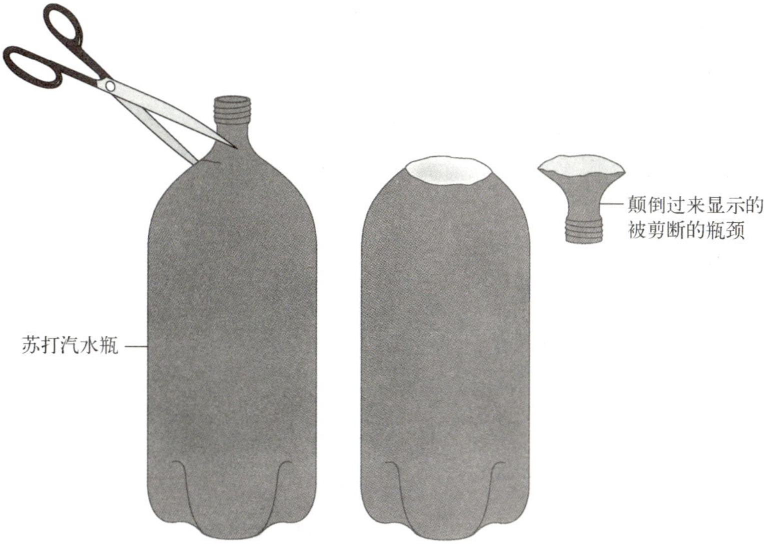

图 1

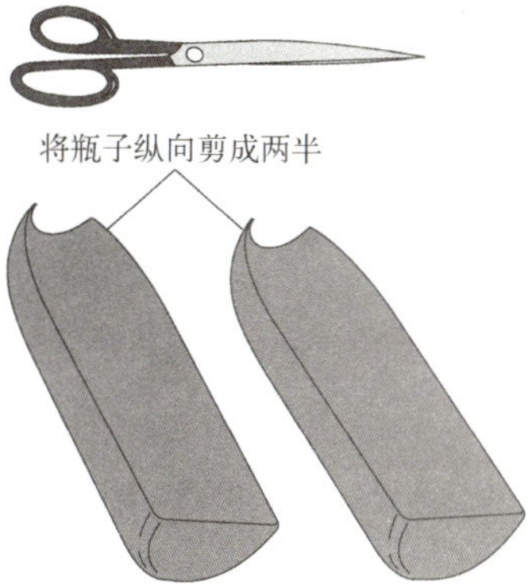

图 2

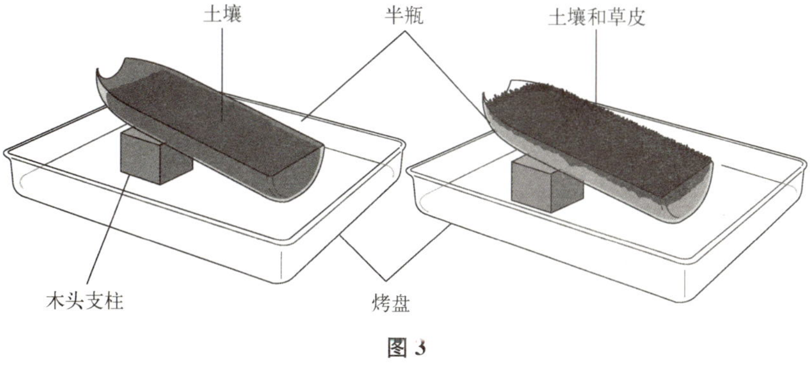

图 3

12. 记录你的观察结果。
13. 把烤盘中的水倒入量杯里，并记录流入烤盘里的水的数量。
14. 记录你观察到的烤盘中的土壤量。
15. 用装有土壤和草皮的半瓶来重复实验步骤 10—14。

分　析

1. 最终哪一个烤盘里溢出的水量更多？
2. 在水被倒出后，哪一个烤盘里有更多的土？
3. 烤盘里的士兵发生了什么变化？本实验模拟了什么？
4. 你认为草和其他植物是如何减缓侵蚀的？
5. 预测一下在本实验中加入岩石、沙子和小木块会有什么结果。

我们的发现

请参见附录中的“我们的发现”。

实验 4　自然循环

简　介

全美国人制造了大量的垃圾。实际上，美国环境保护局(EPA)估计每人每天产生 1.8 千克的垃圾。因为生活在美国的人有数亿，所以有数量庞大的垃圾需要被处理。有些垃圾会自然降解，但有些可能要花费数百年时间。如何处理这些垃圾成为一个越来越难解决的问题。一些垃圾填埋场已经达到饱和状态，而垃圾产生的污染也会影响当地的生态系统。最佳的解决方案是我们应该尽可能少地制造垃圾，并且在生活中尽量使用可生物降解的产品。然而，当我们处理垃圾时，人们没有将垃圾进行合理有效的分类。许多人把可循环利用的垃圾放在了需要数年降解的垃圾袋里。

在本实验中，你将测试各种不同的垃圾袋，确定它们是否是可生物降解的，同时还要检验装在垃圾袋中的垃圾的降解情况。

实验时间

2 小时准备，8 周完成

实验材料

- 牛皮纸食品杂货袋

- 塑料食品杂货袋
- 黑色或者绿色的塑料垃圾袋(例如海菲特牌(Hefty)塑料垃圾袋)
- 可生物降解的塑料垃圾袋
- 4 根塑料捆扎用绳
- 1 把剪刀
- 1 把铁铲
- 几个大木头块
- 4 块砖
- 一副橡胶手套
- 面包片
- 削下来的苹果皮
- 4 大汤匙的咖啡渣
- 香蕉皮
- 奶酪片
- 院子或者户外允许你挖一个大坑的一块土地
- 足够使土湿润的水
- 钢笔或者铅笔
- 几张格子记录纸

安全提示

请仔细阅读并遵守本书“实验前必读”中的“安全准则”。

实验步骤

1. 从 4 种不同类型的食品袋和垃圾袋中找出最小的一个。
2. 按照最小袋子的长度,将剩余 3 个袋子进行裁剪(图 1)。
3. 将这 4 个袋子都分别装入以下物品:

① 面包片的 1/4

② 苹果皮的 1/4

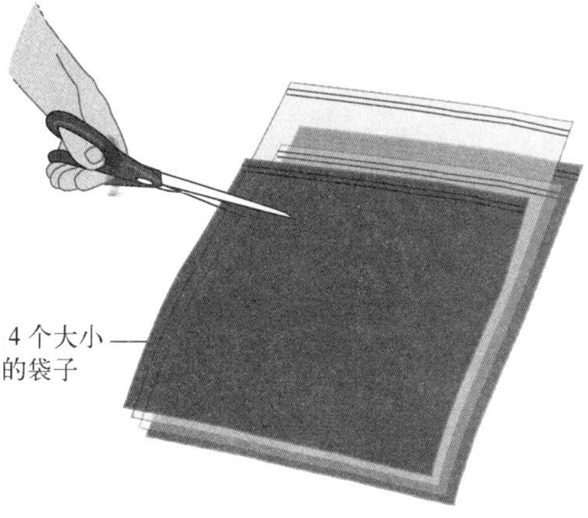

图 1

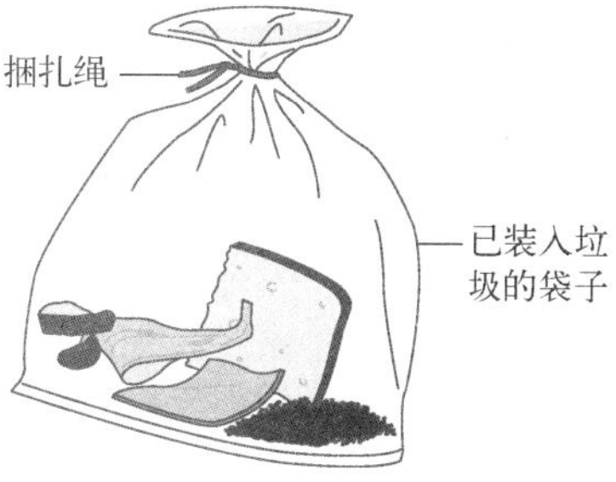

图 2

③ 1 大汤匙咖啡渣

④ 香蕉皮的 1/4

⑤ 奶酪片的 1/4

4. 用捆扎绳把 4 个袋子绑好(图 2)。

5. 在室外允许挖坑的地方挖一个大坑。它必须足够大,能够并排放置这 4 个袋子。

6. 把 4 个袋子一个挨一个地放入你挖的大坑中(图 3)。

图 3

7. 把挖出的土覆盖到这些袋子上。

8. 向土上浇水,使每个袋子上都是湿的。

9. 在湿土上放几块木头。

10. 在木头上放几块砖，把木头向下压。

11. 4 周后，把砖、木头和土都移开。

12. 带上橡胶手套，解开这些垃圾袋。

13. 检查每一个袋子中的物品。

14. 记录你的观察结果，包括袋子的腐烂程度、袋子里的东西，以及你闻到的任何气味。

15. 重新绑好这些袋子。

16. 重复实验步骤 6—14。

17. 按照袋子里垃圾的类型，在指定的垃圾桶里对垃圾和袋子进行适当的处理。

18. 用土将你挖的坑重新填好，使它不会对经过此地的人造成伤害。

分 析

1. 这些袋子有开始降解的吗？

2. 对每一个袋子里的垃圾状况你观察到了什么？放在不同袋子中的垃圾有明显的区别吗？

3. 你认为我们对垃圾袋的选择会对环境造成怎样的影响？

4. 对于加快塑料袋的降解你有哪些建议？

我们的发现

请参见附录中的“我们的发现”。

实验5 太阳能蒸馏器

简 介

与地球上大多数生物一样，人也要依赖水才能生存。地球表面有71%被水所覆盖，这些水形成了海洋。海洋是由盐水组成的，而人类需要的是淡水。在地球上某些地方，想获得淡水是非常困难的。但是，盐水可以通过蒸馏的方式生成淡水，最简单的蒸馏方法就是太阳能蒸馏法。太阳能蒸馏是利用太阳的热能将海水中的水分蒸发并收集起来，这一过程也叫作脱盐。对于遭受灾难的偏远地区，这可能是在资源匮乏的情况下获得淡水资源的最实用的方法。一些发展中国家也主要应用这种方法获得淡水资源。然而，利用蒸馏收集到的淡水的质量取决于原来被蒸馏的水的质量。如果被蒸馏的水的味道较差，那么得到的淡水的味道也较差。

太阳能蒸馏具有悠久的历史，有记录的可以追溯到2 000年以前。当时蒸馏法是被用来生产盐而不是生产淡水。第二次世界大战时，美国海军在救生筏上使用了太阳能蒸馏器。

在本实验中，你将制造一个太阳能蒸馏器和一个盐水检测器。你将利用太阳能蒸馏收集淡水，利用盐水检测器证明你使用的原料是海水，而收集到的水是淡水。

实验时间

1 小时准备，2 天完成

实验材料

- 大碗
- 小玻璃杯
- 足够盖住大碗的塑料保鲜膜
- 透明胶带
- 有柄水罐
- 足够装满罐的水
- 3 大汤匙盐（约 44 毫升）
- 小石头
- 搅拌勺
- 尺子
- 2 根木制工艺棒
- 铝箔，足够包裹住两根工艺棒
- 9 伏的电池
- 电蜂鸣器

安全提示

请仔细阅读并遵守本书“实验前必读”中的“安全准则”。

实验步骤

1. 将水罐装满水。
2. 把盐倒入水中。

3. 搅动水，直到盐溶解为止。

4. 把盐水倒入大碗中，使水达到 5 厘米的高度（图 1）。

5. 将空玻璃杯放到碗中，确定玻璃杯高于盐水水平面但低于碗的高度（图 2）。

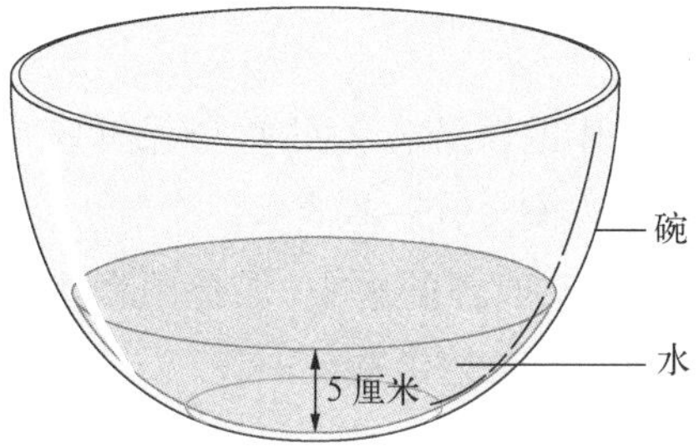

图 1

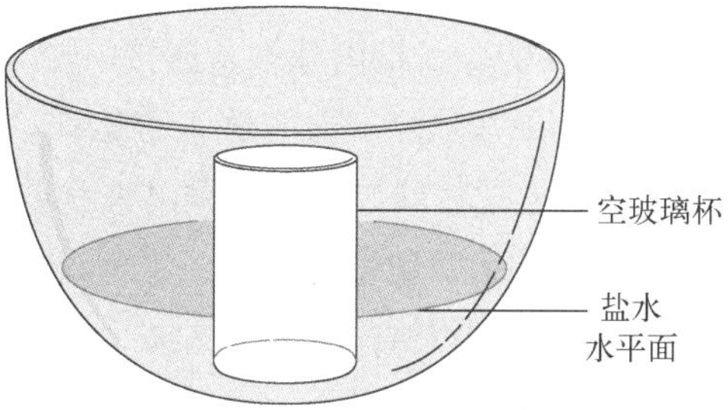

图 2

6. 用塑料保鲜膜将碗盖好，并在适当的位置用透明胶带密封好。

7. 在玻璃杯正上方的塑料保鲜膜的中心位置，放一个小石块，使塑料保鲜膜的中心被压低。

8. 将你刚刚制作的整个器械放到户外阳光下。

9. 将这个器械留在户外一整天，如果你有充足的时间，可将它放在户外两天。

10. 在把你做的器械留在户外的同时，做一个盐水检测器。盐水检测器能够检测出水中是否含有盐。盐水中含有离子，离子能够导电并形成一个电路，这时蜂鸣器就会响。如果实验用水是淡水而不是盐水，蜂鸣器就不会发出声响。

11. 用铝箔将两根工艺棒包裹好。

12. 把电池的正极与蜂鸣器的红色金属线连在一起（图 3）。

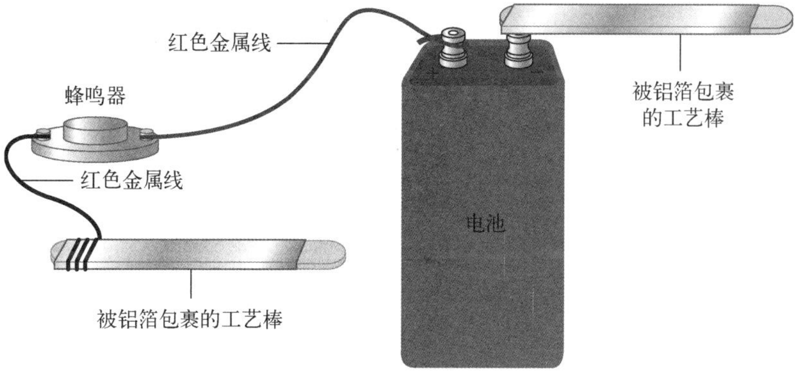

图 3　盐水检测器

13. 把蜂鸣器的黑色金属线连接到一根被铝箔包裹的工艺棒上(图 3)。

14. 把电池的负极与另一根被铝箔包裹着的工艺棒连在一起(图 3)。

15. 将两个用铝箔包裹的工艺棒相互接触来检测你所做的盐水检验器。如果它发出嗡嗡声,那么你的每一步连接都是正确的。如果它没有发出嗡嗡声,回顾一下前面的操作指南并重新连接一次。

16. 如果盐水测试器能够正常工作,把你制作的蒸馏器上的塑料保鲜膜拿下来,小心地把玻璃杯从碗里拿出来。玻璃杯中应该会有一些淡水。

17. 将被铝箔包裹的两根工艺棒的末端插入玻璃杯的水中,保持两根木棒的尖端插入水中大约 2.5 厘米左右,注意不要让两根工艺棒碰在一起。

18. 观察蜂鸣器是否发出了声音。

19. 把两根工艺棒从玻璃杯里拿出来。

20. 使用大碗中的盐水重复实验步骤 17 和 18。

分 析

1. 玻璃杯里的水是淡水还是盐水?
2. 你怎么知道你第一个问题的答案是正确的?
3. 你还能通过什么方法来判断玻璃杯中的水是否是淡水?
4. 人们为什么要对盐水进行太阳能蒸馏?

我们的发现

请参见附录中的“我们的发现”。

实验6　生物多样性实验

简　介

生物多样性包括生态系统中所发现的生命体种类的多样性，生物多样性一词(biodiversity)是“生物多类状态”(biological diversity)两个词的缩略形式。科学家经常检查某一地区的生物多样性，以此来确定该栖息地是否受到了环境变化的影响。如果生物多样性减少，那一定是某一负面因素正造成物种的灭亡。当某一地区的生物多样性增加时，该地区就趋于“健康”。生物多样性还包括遗传多样性、物种多样性和生态系统多样性。地球上各个区域的生物多样性是不同的。一些栖息地比另一些具有更多的物种。例如，热带雨林就具有高比例的生物多样性。热带雨林被破坏时，支持生物多样性的栖息地就会消失。有机生物失去了栖息地通常会死亡，从而导致这个地区生物多样性的减少，一些物种也会濒临灭绝。

在本实验中，你将模拟不同生物群落区所发现的生物多样性，并对典型的草坪或麦田的生物多样性进行比较。

实验时间

45 分钟

实验材料

- 15 个中号玻璃瓶
- 一大盘大量的(100 个以上)15 种不同的小而硬的样品(例如没有煮过的斑豆,没有煮过的菜豆、向日葵种子、干豌豆、甜玉米)
- 15 个标签
- 黑色记号笔
- 钢笔或者铅笔
- 1 张纸

安全提示

请仔细阅读并遵守本书“实验前必读”中的“安全准则”。

实验步骤

1. 这 15 种样品代表 15 种不同的物种。从这些“物种”中选出 10 种,每个“物种”选出一个放入同一个玻璃瓶中。

2. 从剩下的 5 种“物种”中,每种选 2 个放到刚才的那个玻璃瓶中(从而达到 20 个“物种”的总数)。

3. 在玻璃瓶上贴上“热带雨林”的标签(图 1)。

4. 使用相同的样品将实验步骤 1—3 重复 3 次。这 4 个玻璃瓶将代表地球上巨大的热带雨林。

5. 选择 12 种“物种”,每种选出 2 个放到另一个玻璃瓶中。

6. 给这个玻璃瓶贴上“针叶树林”的标签(图 2)。

7. 使用相同的样品重复实验步骤 5—6。这 2 个玻璃瓶代表地球上的针叶树林。

8. 选择 12 种“物种”,每种选出 2 个放到另一个玻璃瓶中。

9. 给这个玻璃瓶贴上“落叶林”的标签。

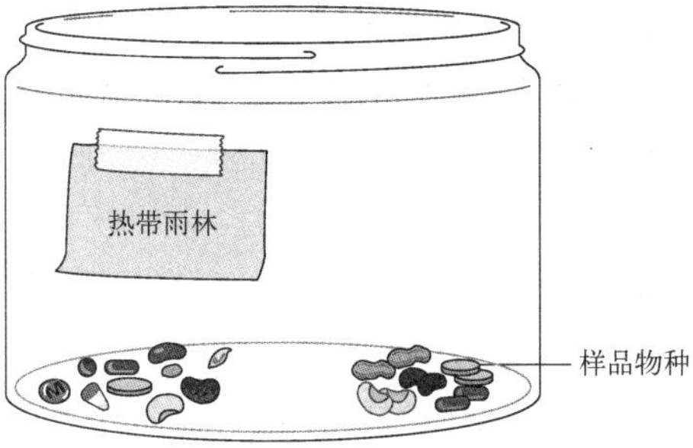

图 1

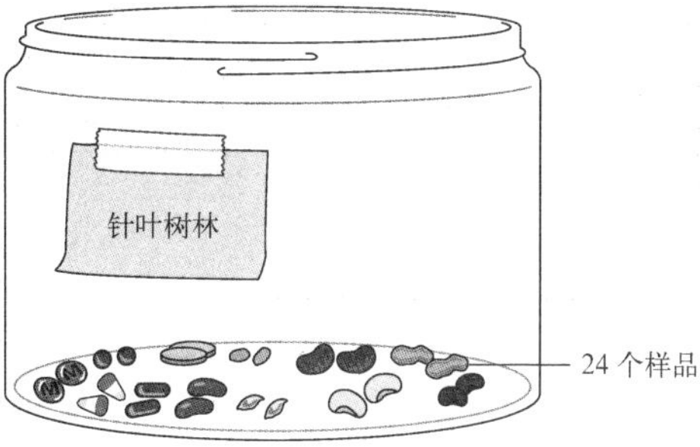

图 2

10. 使用相同的样品重复实验步骤 8—9。这 2 个玻璃瓶代表地球上的落叶林。

11. 选择 7 种“物种”，每种选出 3 个放到另一个玻璃瓶中。

12. 给这个玻璃瓶贴上“沙漠”的标签。

13. 使用相同的样品重复实验步骤 11—12。这 2 个玻璃瓶代表地球上的沙漠。

14. 选择 7 种“物种”，每种选出 3 个放到另一个玻璃瓶中。

15. 给这个玻璃瓶贴上“草原”的标签。

16. 使用相同的样品重复实验步骤 14—15。这 2 个玻璃瓶代表地球上的草原。

17. 选择 1 种“物种”，选出 100 个放到另一个玻璃瓶中。

18. 再选择 1 种“物种”，选出 5 个放到同一个玻璃瓶中。

19. 给这个玻璃瓶贴上“草坪或麦田”的标签。

20. 使用相同的样品重复实验步骤 17—19。这 2 个玻璃瓶代表草坪或麦田。

21. 完成下面的数据表。

数 据 表

生物群落区	物种的种类数	每种物种的数量	生物的总数量	生物多样性=物种的种类数/生物的总数量

续 表

生物群落区	物种的种类数	每种物种的数量	生物的总数量	生物多样性=物种的种类数/生物的总数量

分 析

1. 哪一种生物群落区有最多的生物多样性(数据表中的最后一列数值最大的那一个)?

2. 哪一种生物群落区的生物多样性最少?

3. 该实验是如何反映生态群落区的生态多样性的?

4. 由于采伐森林,热带雨林正在逐渐地消失。基于这个实验,你认为保护热带雨林的重要性是什么?

5. 我们为了种植庄稼而对一个地区的自然生态环境造成了破坏,这对于生物多样性会产生什么样的影响?

我们的发现

请参见附录中的“我们的发现”。

实验 7　沙漠适应性和水

简　介

沙漠往往看起来是没有生命的。这是因为对于生命体来说，水是至关重要的，而沙漠中只有很少的降水或者根本没有降水。地球表面大约20%—30%被沙漠覆盖。沙漠里几乎没有哺乳动物，这是因为沙漠气候所产生的降水量无法满足哺乳动物生存的需要。而且，体积大的动物在沙漠里生存遇到的困难比体积小的动物遇到的困难多。在沙漠里生存的动物中，最具代表性的就是爬行动物，它们能够在恶劣的条件下生存是因为它们的身体具有保护水分的能力。然而，尽管沙漠的自然条件非常差，沙漠里仍然充满了各种生命。在沙漠生物群落区中，生存着众多种类的植物和动物。它们能成功地生存在沙漠中，主要归功于它们对周围环境具有适应能力。防止水分损失的这一适应能力为它们提供了最佳的生存机会。

在本实验中，你将模拟沙漠气候对潮湿物体的影响并观察水分流失情况。

实验时间

15 分钟准备，24 小时完成

实验材料

- 2 块海绵，可以选择在厨房使用的那种海绵
- 天平
- 盘子或者平底锅
- 标签
- 钢笔或者铅笔
- 纸
- 可以从水龙头接到的水
- 查阅互联网或相关参考书

安全提示

请仔细阅读并遵守本书“实验前必读”中的“安全准则”。建议在上网时由成年人进行监督，遵守所有的计算机和互联网安全规则。

实验步骤

1. 把一块海绵弄湿，使它完全湿透但不会向下滴水。
2. 称出海绵的重量(图 1)。

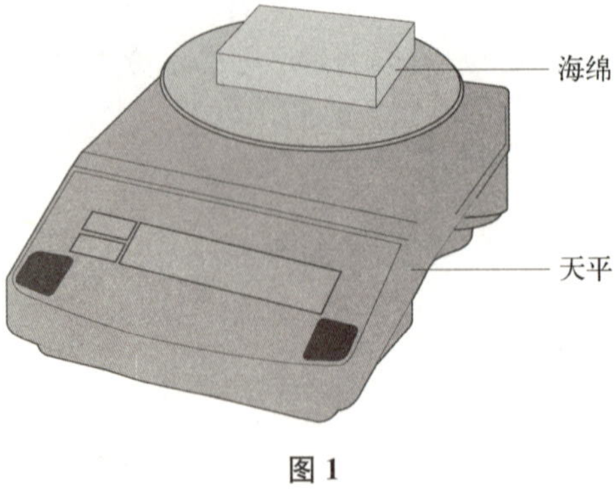

图 1

3. 将结果记录在数据表上。
4. 把这块湿海绵放到盘子里。
5. 给盘子贴上“参照物”的标签。(图 2)。
6. 在整个实验期间，将这块作为参照的海绵暴露在户外。
7. 把第二块海绵弄湿，使它完全湿透但不会向下滴水。
8. 称出第二块海绵的重量。

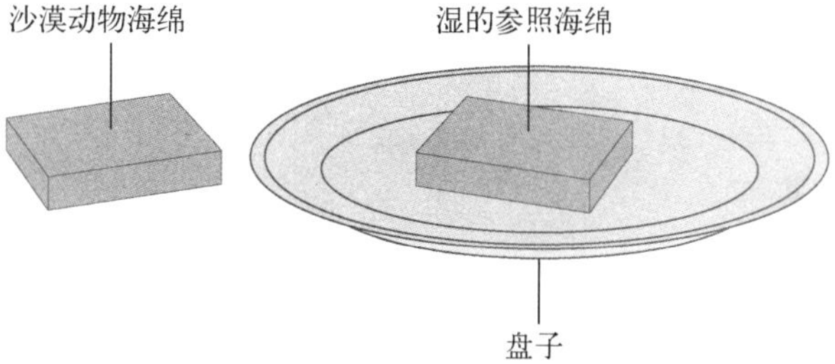

图 2

9. 将结果记录在数据表上。

10. 这块海绵将代表你的“沙漠动物”。

11. 在接下来的 24 小时里，你必须把你的沙漠动物海绵暴露在户外至少 4 小时。你要选择在白天把海绵放在户外。

12. 在另外的 20 小时里，你要保护好你的“沙漠动物”，防止它被烤干。你不能把沙漠动物海绵放在密闭容器中，因为真正的动物如果缺氧就会死掉。你的选择要有创造性并且尽量去模拟大自然，比如，你可以把“沙漠动物”放进地上的一个洞里。

13. 24 小时之后，重新称出参照海绵的重量。

14. 将实验结果记录在数据表上。

15. 重新称出另一块海绵的重量。

16. 将实验结果记录在数据表上。

数 据 表

海 绵	实验开始时的重量	24 小时之后的重量
参 照 物		
沙漠动物		

分 析

1. 在 24 小时里，哪块海绵损失的重量更多？
2. 你认为在 24 小时之后海绵的重量为什么变轻了。
3. 该实验是如何模拟生活在沙漠中的动物所面临的挑战的？

4. 通过参考书和互联网，研究沙漠生物在缺水的环境下得以生存的适应能力。

我们的发现

请参见附录中的“我们的发现”。

实验 8　将水过滤以防止污染

简　介

你喝自来水吗？多数人的回答是否定的。因为在一些地区，人们怀疑自来水里渗入了污染物。无论你所在地区的自来水是否可以安全饮用，我们都必须认识到，不仅海洋、湖泊和江河中的水含有污染物，饮用水里也含有污染物。例如，许多排水管旁边都有告示牌，警告人们禁止向排水管里扔垃圾。直接丢到排水管里的垃圾会直接进入到海洋。垃圾以及一些危险的废物会污染距离排水管很远的水的水质。受污染地区的动物和植物的生长都会受到不良的影响。在美国，人们认为工业是造成整个国家和周围海域海水污染的元凶。另外，不论危险的污染物质是源于工业还是家庭，都可以引发肝病、神经损伤和痢疾等疾病。

在本实验中，你将对水进行过滤，并观察可能对你的水造成污染的一些污染物质。

实验时间

1 小时

实验材料

- 大过滤管(如果没有,可以用玻璃漏斗代替)
- 中等大小的玻璃鱼缸
- 过滤网,例如在厨房中使用的过滤网
- 1/2 杯木炭碎块(约 118 毫升)
- 1/2 杯沙子(约 118 毫升)
- 1/2 杯沙砾或者小圆石(约 118 毫升)
- 1 张微孔过滤纸
- 1 杯咖啡渣(约 240 毫升)
- 量杯
- 一把树叶
- 碎纸片
- 4 个大口杯
- 大玻璃碗
- 漏斗
- 长的勺子或者木棍
- 足够把鱼缸装到半满的水
- 钢笔或者铅笔
- 纸

安全提示

请仔细阅读并遵守本书“实验前必读”中的“安全准则”。

实验步骤

1. 用水把玻璃鱼缸装到半满(图 1)。
2. 向鱼缸中倒入 1 杯(240 毫升)咖啡渣。

图 1

3. 把碎纸片加到鱼缸里。

4. 向鱼缸中加入一把树叶。

5. 搅动水，使你加入鱼缸中的“污染物质”分散开。

6. 使用一个大口杯，舀起一些现在已经变脏的水。

7. 把大口杯中的脏水经过滤网倒入另一个大口杯中，用此方法对脏水进行过滤(图 2)。

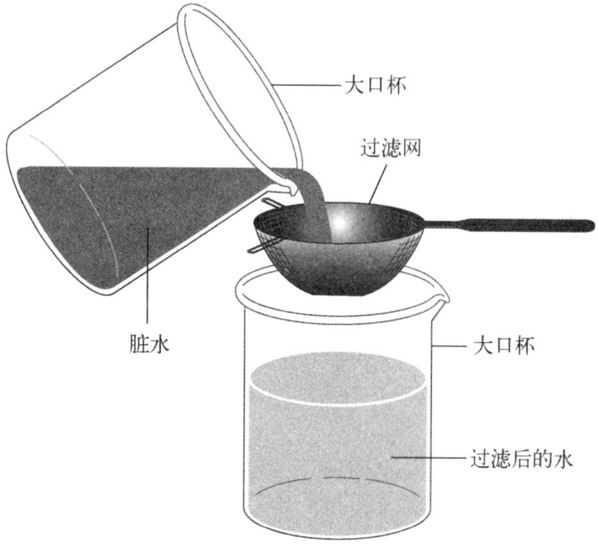

图 2

8. 观察鱼缸中的水与大口杯中过滤后的水有哪些差异。

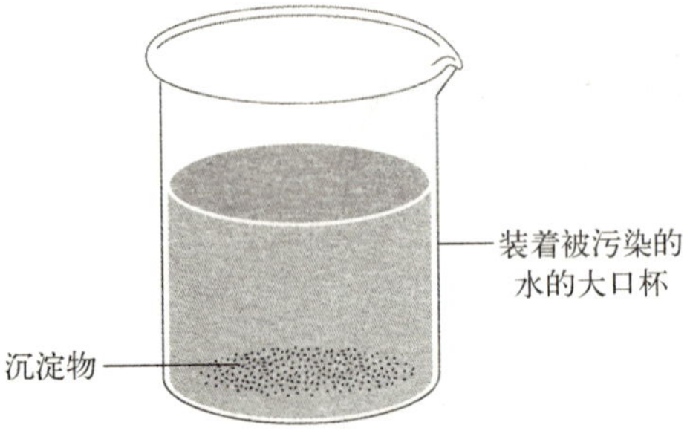

图 3

9. 记录你的观察结果。

10. 接下来，把一大口杯被污染的水平放好进行沉淀，使污染物质能够沉淀到大口杯的底部(图 3)。

11. 记录你的观察结果。

12. 按顺序向过滤管或者漏斗中填充以下物品：一层小圆石、一层沙子以及一层木炭(图 4)。

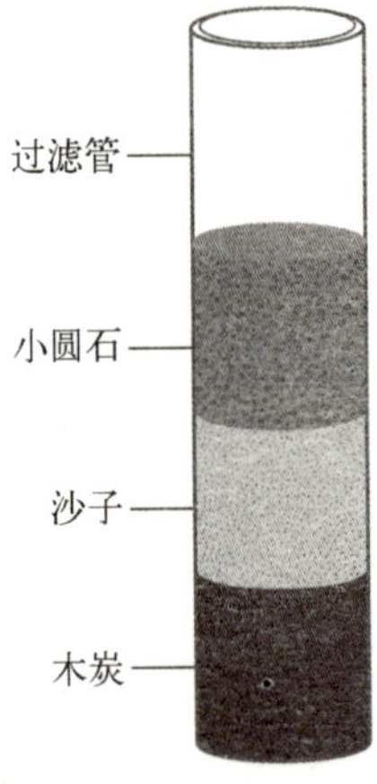

图 4

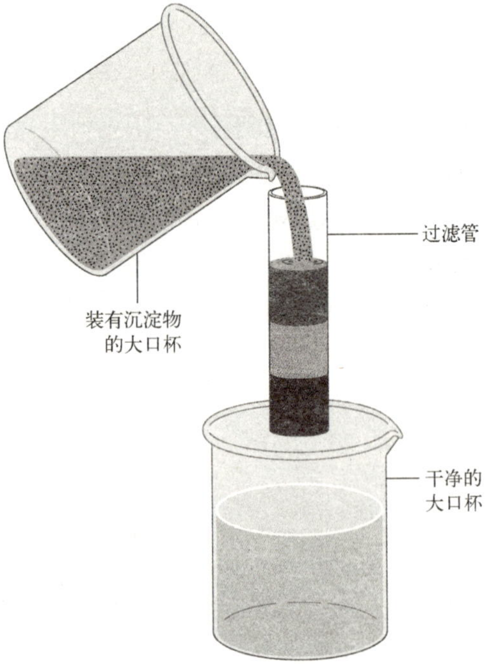

图 5

13. 现在，把你刚刚进行沉淀的那个大口杯中的脏水通过过滤管过滤到另一个干净的大口杯中(图 5)。

14. 观察大口杯中的水。

15. 记录你的观察结果。

16. 把过滤纸覆盖在漏斗的里面(图 6)。

17. 现在你将完成对脏水的最后的过滤，把大口杯中的脏水通过覆盖过滤纸的漏斗倒入最后一个干净的大口杯中(图 7)。

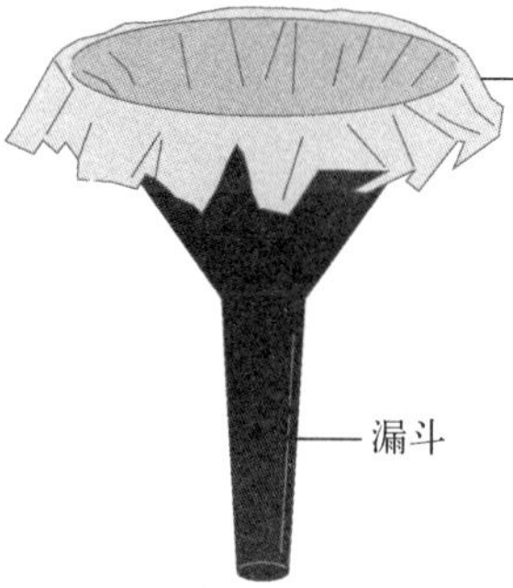

图 6

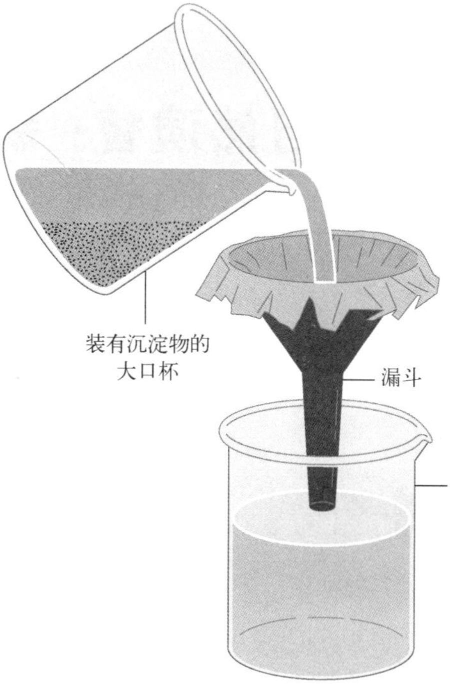

图 7

18. 观察大口杯中的水。
19. 记录你观察到的结果。

分析

1. 把你每一个步骤后得到的观察结果进行比较。每一步都分别从水中过滤掉了什么？这些水看起来变干净了多少？

2. 如果水中含有微生物，你会在过滤过程中再增加什么步骤？

3. 即使我们不喝或者不使用这些被污染的水，我们为什么还必须对它进行过滤？

我们的发现

请参见附录中的“我们的发现”。

实验9　自然演替：森林罐

简　介

自然演替是指随着时间的流逝，一个栖息地逐渐地被另一个栖息地取代的过程。因此，生态演替是指当栖息地发生变化时所引起的生物种群的缓慢转变。一些地质混乱后会发生一些典型的转变，例如火山爆发、旱灾、火灾或者海啸。自然演替可能开始于一个全新的栖息地里，例如熔岩流完全冷却后的环境或者遭受了如森林火灾这样持续的重大灾害的环境里。如果有机生物在最初开始生长时没有土壤存在，这种情况被称为原生演替；如果有机生物生长时有土壤存在，这种情况则被称为次生演替。在自然演替的初期，机会种通常能生存并成长，但最终会被更具竞争力的物种所替代。与经历过熔岩流的地区一样，热带雨林也有许多极好的自然演替的例子。

在本实验中，你将创建一个森林罐模型，并直接观察自然演替的一种形式。

实验时间

30 分钟准备，1—2 个月完成

实验材料

- 足够装满这个罐子约 5 厘米高的土壤

- 足够装满这个罐子约 7.5 厘米高的水，并且剩余的水能够使植物保持潮湿
- 20—30 粒天堂鸟花种子
- 4 粒向日葵种子
- 水生植物(可以在水族馆商店买到)
- 大玻璃罐
- 纸
- 钢笔或铅笔
- 查阅互联网或相关参考书

安全提示

请仔细阅读并遵守本书“实验前必读”中的“安全准则”。在使用计算机时要遵守所有的互联网安全守则。

实验步骤

1. 向玻璃罐中加 5 厘米高的土壤(图 1)。
2. 向玻璃罐中注入大约 7.5 厘米高的水。

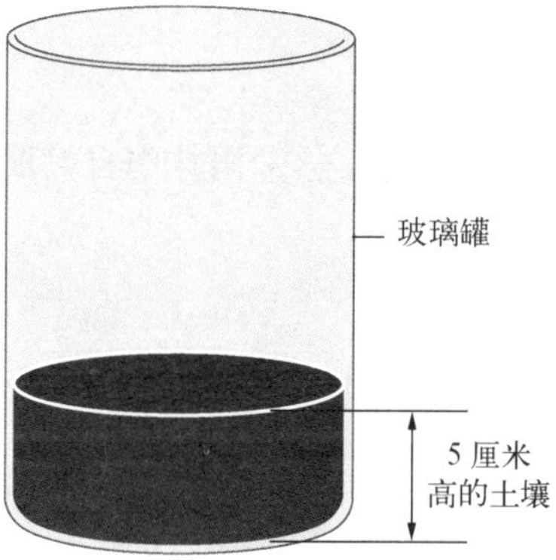

图 1

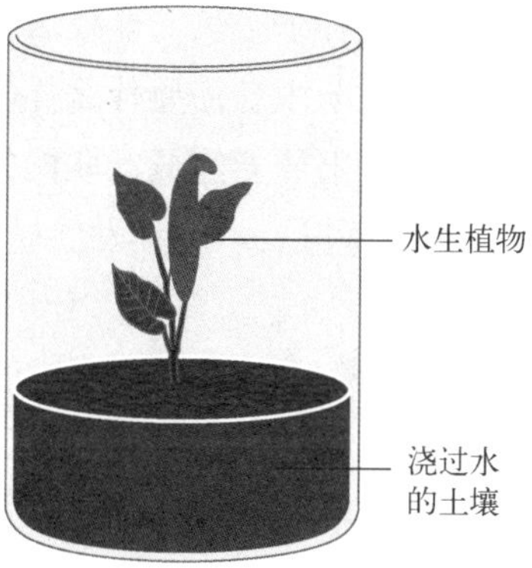

图 2

3. 把玻璃罐的盖子拿掉，将玻璃罐放置在窗边一个晚上。

4. 第二天，把水生植物种植在玻璃罐中(图 2)。

5. 随着时间的流逝，水会慢慢地蒸发，但不要再向玻璃罐里加水。记录你观察到的结果。

6. 每周两次，向玻璃罐中加 3 粒或者 4 粒天堂鸟花种子。

7. 这些种子很可能发芽并最终腐烂。把它们留在玻璃罐里。记录你观察到的结果。

8. 在水生植物死掉之后，继续一周一次地向玻璃罐中加天堂鸟花种子。

9. 现在天堂鸟花种子会开始生长。记录你观察到的结果。

10. 此时，向玻璃罐中加一些向日葵种子。记录你观察到的结果。

11. 向玻璃罐里加水使土壤保持潮湿。水象征森林里的降雨(图 3)。

12. 记录你观察到的结果。

图 3

分　析

1. 这与典型的动植物培养箱有什么不同?

2. 这个实验用什么方式来模拟自然演替?

3. 天堂鸟花种子生长需要什么样的环境?

4. 向日葵种子生长需要什么样的环境?

5. 利用参考书或者连接互联网的计算机，研究在热带雨林中自然演替的过程，并制作一张海报展示这一发展过程。

我们的发现

请参见附录中的“我们的发现”。

实验 10　蒲公英的栖息地

简　介

栖息地是指某种有机生物生活的环境。地球上有多种不同的环境和栖息地，比如陆地环境和海洋环境下存在着各种各样的栖息地。与地形和气候相结合的不同的生态系统形成了独特的栖息地。栖息地并不被严格地限制为只是有机生物的生存的“家”。对于一个动物来说，栖息地必须有食物、水和藏身处，也可能包括它寻找食物的区域。对植物来说，栖息地必须能获得阳光、水、土壤和养分。小型有机生物通常生活在小的环境中，而大型动物可能占据巨大的领地。通常情况下，植物和动物无法在它们栖息地以外的地方生存或生长。

人类也生活在栖息地里，人类的栖息地不单单是指他们居住的家。还可以包括一个人工作、娱乐和吃饭的地方。

科学家更愿意在有机生物的自然栖息地中对它们进行研究。在本实验中，你将对一个植物栖息地进行观察。具体来说，你将研究几个区域并确定最适合蒲公英生长的栖息地。

实验时间

1 小时

实验材料

- 米尺
- 钢笔或者铅笔
- 4 根棍子
- 2 米长的细绳
- 户外区域(一些在阴暗中的区域,一些在阳光直射下的区域,一些拥有不同类型土壤的区域)
- 查阅互联网或相关参考书

安全提示

请仔细阅读并遵守本书“实验前必读”中的“安全准则”。有花粉过敏症或者有其他与植物相关的过敏病的人要采取预防措施避免接触过敏源。

实验步骤

1. 选择一块户外区域。
2. 把一根棍子牢牢地钻入地里。
3. 与第一根棍子距离大约 0.5 米的地方,钻入第二根棍子。
4. 用剩下的 2 根棍子重复进行实验步骤 3,最终你将得到一个正方形区域(图 1)。

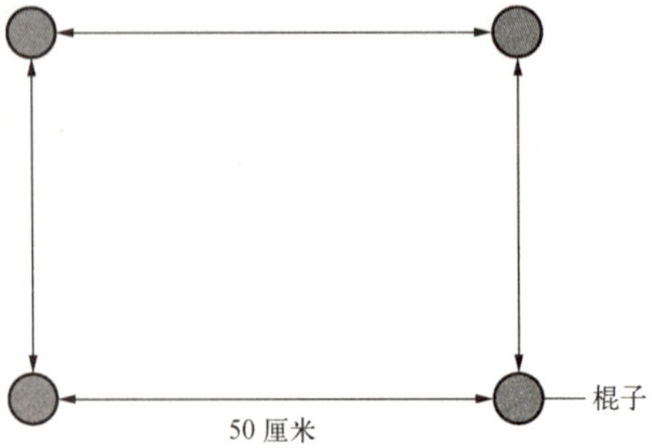

图 1

5. 把细绳的一端绑在其中的一根棍子上。

6. 把细绳从每根棍子的外边绕过，形成一个正方形的轮廓线（图 2）。将细绳绑在第一根棍子上，将细绳扯紧。

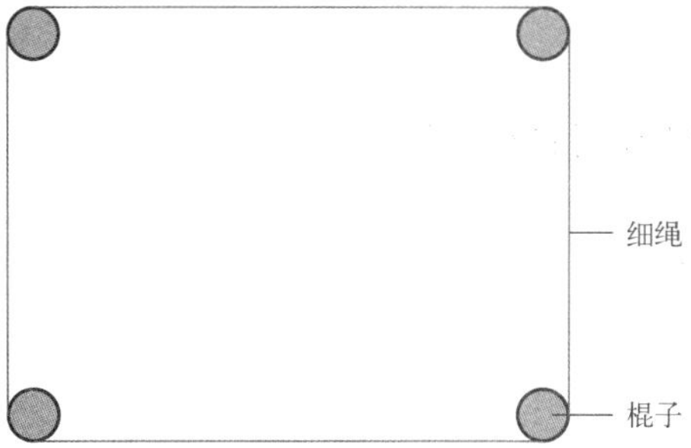

图 2

7. 仔细观察并在数据表上记录你观察到的结果。

8. 解开细绳并把棍子从地上拔出来。

9. 在阳光照耀程度不同的区域、阴暗的区域以及拥有不同类型土壤的区域，重复 3 次实验步骤 1—8。

数　据　表

	区域 1	区域 2	区域 3	区域 4
这个区域位于哪里？				
这个区域接收到多少阳光？				
描述土壤性质（沙质？黏土？潮湿？干的？）				
在这个区域找到的其他植物				
在这区域有多少蒲公英？				

分　析

1. 哪个区域的蒲公英最多？这个区域有什么是其他区域所没有的？
2. 哪个区域的蒲公英最少？你认为蒲公英为什么不喜欢那个区域？
3. 你认为最适合蒲公英生长的栖息地是什么样的？

4. 植物和动物喜欢能够让它们生存和成长的栖息地。选择 4 种你最喜欢的植物或者动物，利用参考书或者互联网来研究它们喜欢的栖息地。

我们的发现

请参见附录中的“我们的发现”。

实验11 土壤湿度和透湿性

简 介

植物必须获得水分才能生长。植物从土壤中获得水分，并通过根部从土壤中吸取水分。重要的是，土壤中必须蕴含有植物的根将要吸收的水分。相比之下，一些类型的土壤含有更多的水分。疏松、肥沃的土壤往往含有更多的水分；厚重的黏土往往很难吸收地表的水分。土壤的成分对土壤的渗透性和蕴含水的能力有重要的影响。如果土壤不能吸收或者获得水，就没有水分供给植物。甚至当考虑在花盆里（不是在地里）种植植物时，也要考虑到花盆的存水和排水的效果。

在本实验中，你将使用简单的方法来比较和评价土壤的基本性质，即土壤的湿度和透湿性。

实验时间

1小时

实验材料

- 3个玻璃杯
- 1杯沙子

- 1 杯黏土(大约 240 立方厘米)
- 1 杯盆栽土壤(大约 240 立方厘米)
- 足够装满 3 个玻璃杯的水
- 3 个标签
- 钢笔或者铅笔
- 量杯
- 1 张纸

安全提示

请仔细阅读并遵守本书“实验前必读”中的“安全准则”。

实验步骤

1. 给一个玻璃杯贴上“沙子”的标签。
2. 向这个玻璃杯倒入大约 1 杯(240 立方厘米)的沙子。
3. 给第二个玻璃杯贴上“黏土”的标签。
4. 向这个玻璃杯倒入大约 1 杯(240 立方厘米)的黏土。
5. 给第三个玻璃杯贴上“盆栽土壤”的标签。
6. 向这个玻璃杯倒入大约 1 杯(240 立方厘米)的盆栽土壤。
7. 现在你已经准备了 3 个装有不同类型土壤的玻璃杯(图 1)。

图 1

8. 向每个玻璃杯中加水,几乎将 3 个玻璃杯装满(图 2)。

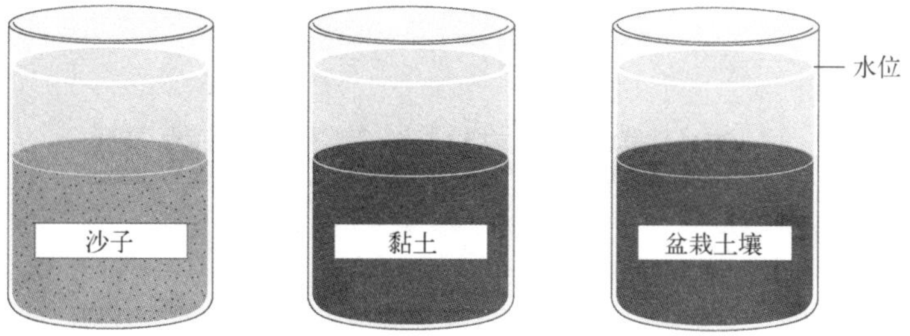

图 2

9. 观察这些土壤颗粒发生了什么变化，并且留意这些土壤颗粒是很快地沉回到水底还是悬浮在水中。

10. 记录你观察到的结果。

11. 在图 3 列出的 3 个空的玻璃杯中，画出你观察到的水和土壤颗粒的图像。

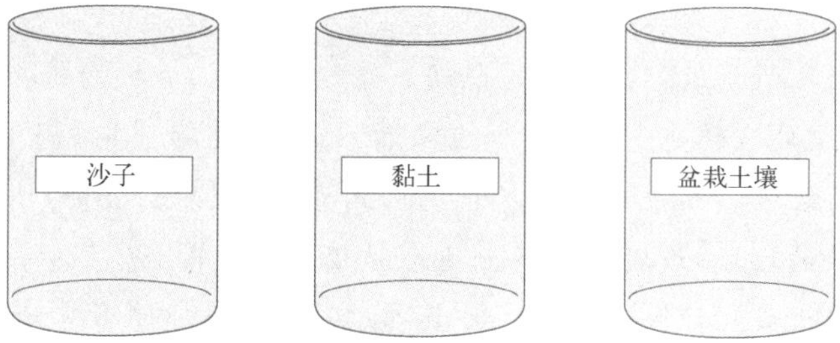

图 3

分　析

1. 沙子是悬浮在水中、沉入水底，还是在水中浮动？为什么？

2. 黏土是悬浮在水中、沉入水底，还是在水中浮动？为什么？

3. 盆栽土壤是悬浮在水中、沉入水底，或者在水中浮动？为什么？

4. 根据你的观察结果，在这 3 种类型的土壤中，哪一种能够更好地提供给植物的根将吸收的水分？

5. 为什么另外两种类型的土壤不适合植物的根系从中吸取水分？

我们的发现

请参见附录中的“我们的发现”。

实验 12　制造垃圾填埋场模型

简　介

大多数人听说过“垃圾场”这个词。通常情况下，垃圾场是指垃圾填埋场，即垃圾被处理的地点。从时间上来看，垃圾填埋场可能是暂时性的，用于短期储存垃圾。而永久性的填埋场则用于填埋垃圾。因为消费者每年要制造大量的垃圾，垃圾填埋场会逐渐被填满。然而，几乎没有人愿意在自己社区附近设立垃圾填埋场。并且，垃圾填埋场对许多当地社区所造成的负面影响在近年来已经有所显现。人们都知道，一些垃圾填埋场造成了水污染、噪音污染、疾病和土壤污染。也有一些垃圾填埋场被土壤覆盖后在上面建造房屋。通常情况下，垃圾场被填满后，人们会用土壤覆盖并种植植物，植物的生长会防止上层土壤的水土流失以及下层的垃圾暴露出来。

如果我们节省地使用资源，不浪费资源并注重回收，我们就可以减少对垃圾填埋场的使用。我们扔掉的垃圾是如何被处理掉的呢？一些人对此感到好奇。毕竟，我们将垃圾扔到垃圾箱后，所看到的就是它们被垃圾清运车运走了。不幸的是，这些垃圾并没用消失。它们极有可能被带到了垃圾填埋场。

在本实验中，你将制作一个垃圾填埋场模型，假设垃圾会腐烂，观察实验结果。

实验时间

40 分钟准备，35—40 天完成

实验材料

- 干净的大塑料储物箱，约 46 厘米高
- 土壤，足以填充储物箱 29 厘米高
- 铝箔，约 30 厘米×30 厘米
- 苹果片
- 香蕉皮
- 报纸，约 30 厘米×30 厘米
- 4 根木棍
- 4 个标签
- 胶带
- 小包草籽
- 水
- 尺
- 1 张纸
- 钢笔或者铅笔

安全提示

请仔细阅读并遵守本书“实验前必读”中的“安全准则”。

实验步骤

1. 将储物箱底部覆盖厚度为 10 厘米的土壤。
2. 将储物箱标注出 4 个区域。你将在每个区域里埋下不同的东西(图 1)。

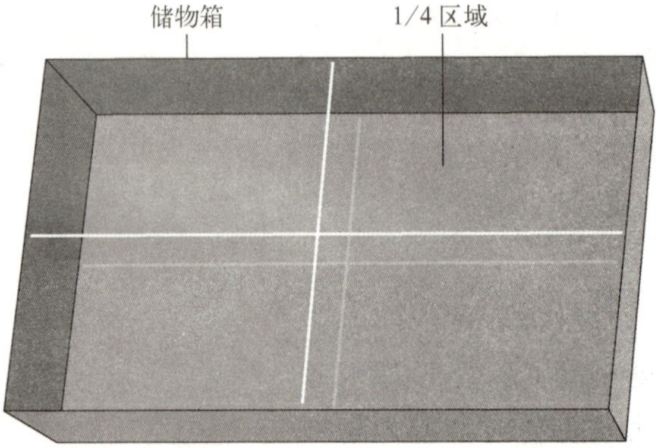

图 1

3. 在一个区域里埋下苹果片(图 2)。
4. 在另一个区域里埋下一些香蕉皮(图 2)。
5. 将铝箔撕成 3—4 片,将这些铝箔片埋入第三个区域(图 2)。
6. 将报纸撕成 3—4 片,将这些报纸片埋入第 4 个区域(图 2)。

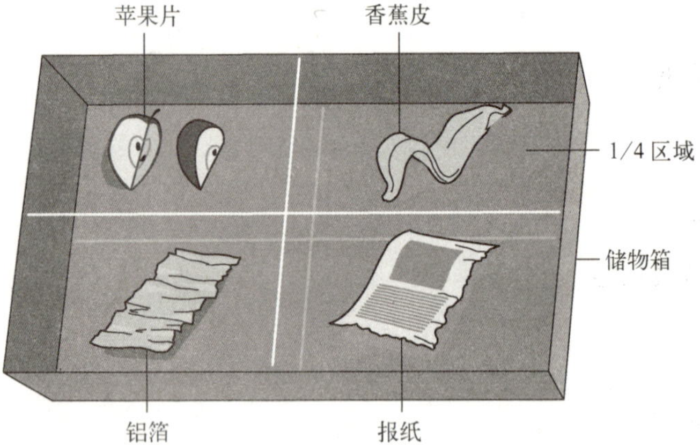

图 2

7. 用剩余的土壤覆盖这些物体。
8. 把木棍插在每个区域上。
9. 将每个区域所埋的物体名字写在标签上,并将标签固定在木棍上(图 3)。
10. 猜测你埋在储物箱里的每样物体的腐烂程度。
11. 将你的猜测记录下来。
12. 10 天后将物体从土壤里挖出来。

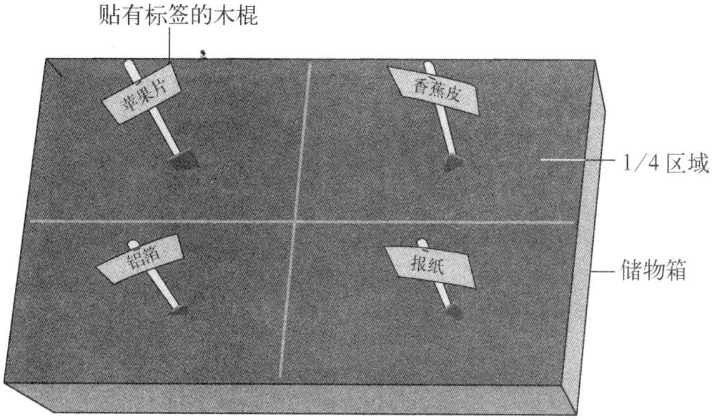

图 3

13. 记录你观察到的腐烂程度。
14. 重新将物体埋到土壤里。
15. 重复进行两次第 12—14 步的操作。
16. 实验第 30 天，第 3 次检查后，将草籽种在土壤中。
17. 经常给土壤浇水，使草籽得以生长。

分　析

1. 你最初对于每种物品的腐烂程度的猜测是什么？

① 苹果片

② 香蕉

③ 铝箔

④ 报纸

2. 你的猜测正确吗？哪些观察结果可以帮助你回答这些问题？

3. 垃圾填埋场上种植植物的目的是什么？

4. 这个实验使你对垃圾回收、垃圾填埋场以及人们每年制造的大量垃圾作何感想？

我们的发现

请参见附录中的“我们的发现”。

实验 13 研究代用燃料

简 介

燃料的燃烧会产生多种污染物。自然界中的污染物以气体或者固体形式存在。空气中的气体污染物包括二氧化硫、一氧化碳、二氧化碳、氮氧化物和臭氧等。固体污染物包括铅和各种颗粒物质。这些气体和固体污染物的一小部分就可以污染空气。污染会带来酸雨、全球变暖，还会使人产生呼吸困难，危害树木并引发特定种类的疾病。汽车燃烧矿物燃料，是环境污染的主要因素之一。矿物燃料不仅对空气造成破坏，它们本身还是一种不可再生的资源。科学家正在努力寻找对地球无害的代用燃料。

在本实验中，你将观察由汽车产生的颗粒物质，你也将对代用燃料进行研究。

实验时间

3—4 小时

实验材料

- 剪刀

- 6 个咖啡过滤器
- 6 张大约 8 厘米×13 厘米的索引卡
- 放大镜
- 有权使用的至少 6 辆汽车和卡车，新旧大小皆可
- 钢笔或者铅笔
- 尺子
- 胶棒
- 1 张纸
- 可以连接到互联网的计算机

安全提示

请仔细阅读并遵守本书"实验前必读"中的"安全准则"。在测试之前取得车主的同意。不要接触汽车的排气管，避免吸入汽车尾气。在通风状况好的地方进行此项实验。建议有成人的监督。遵守所有计算机安全准则。

实验步骤

1. 将咖啡过滤器剪成 6 个 5 厘米×10 厘米的长方形(图 1)。

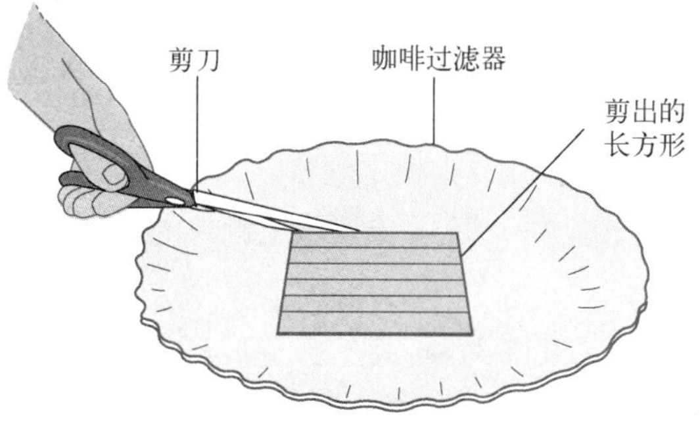

图 1

2. 将每个长方形咖啡过滤器黏在不同的索引卡上(图 2)。

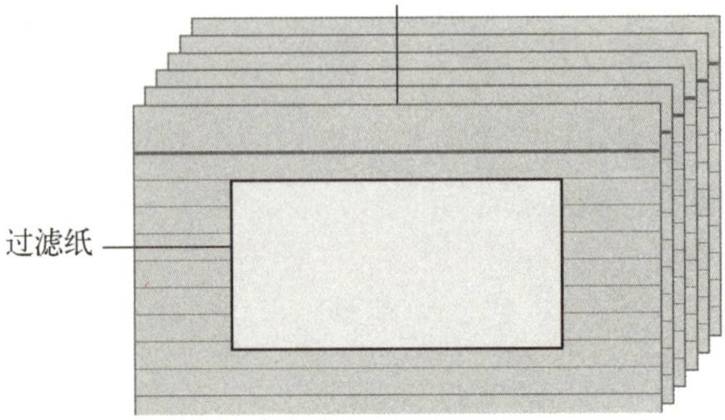

图 2

3. 请车主发动引擎。注意：确保汽车停在停车场上，应急刹车已经固定。

4. 将汽车的牌子和型号写在索引卡的背面。

5. 将索引卡放置在距离排气管 15 厘米的地方保持 1 分钟(图 3)。排气管非常热，因此一定要小心不要碰到。注意不要吸入汽车尾气。

图 3

6. 请车主关闭引擎。

7. 请其他 5 位车主发动引擎，重复实验步骤 3—6。每换一辆车就使用新的索引卡和过滤纸。

8. 将索引卡并排摆放，在放大镜下观察它们。

9. 估计每张过滤纸上每 6.25 平方厘米上颗粒的数量。

10. 填写数据表。

11. 使用计算机登录互联网，研究不会造成环境污染的代用燃料。用一个段落描述一种你认为可以替代矿物燃料并且环保的燃料。

数 据 表

汽车牌子和型号	新 旧	每 6.25 平方厘米 上观察到的颗粒数量	其他观察结果

分 析

1. 每 6.25 平方厘米上，哪种汽车产生了最多的颗粒？旧车还是新车？大型车还是小型车？

2. 你在过滤纸上观察到的哪种物质使你确定汽车尾气中有污染物？

3. 你认为这些污染物对你及其他有机生物造成了怎样的影响？

4. 你研究了哪种代用燃料？这种代用燃料的哪些特性使它成为比矿物燃料更好的替代物？

我们的发现

请参见附录中的“我们的发现”。

实验 14　确定土壤质量

简　介

不是所有种类的土壤在支持植物生长方面都有相同的作用。土壤里的复合物能够帮助或者阻止植物生长。植物也许在许多种类的土壤中茁壮成长,但是在另外一些土壤中可能根本无法生长。土壤种类指的是土壤粗密度,就是组成土壤的各种石块的大小,其中包括沙子、淤泥和黏土。不同种类的泥土包含不同的营养物,而有些土壤中的营养物可能已经被溶解了。植物生长必不可少的营养物包括氮、磷和钾。土壤颗粒间的空间会影响土壤的含水量,这对于植物生长也是至关重要的。极限温度能够影响植物的存活。与此同时,植物还需要光照和二氧化碳来进行光合作用。

在本实验中,你将通过对比不同土壤中植物的生长速度来测量土壤的质量。

实验时间

45 分钟准备,3 周完成

实验材料

- 几杯盆栽土壤

- 几杯紧实的庭院土壤
- 几杯松散的庭院土壤
- 3 个小花盆
- 3 个放在花盆下的托盘
- 水
- 9 粒豆荚种子
- 3 根小木桩或者木棍
- 尺子
- 泥铲
- 1 张纸
- 钢笔或者铅笔
- 1 张横格纸
- 3 个标签(或者遮蔽胶带)
- 黑色记号笔
- 彩色铅笔

安全提示

请仔细阅读并遵守本书“实验前必读”中的“安全准则”。

实验步骤

1. 用盆栽土壤填满 1 个花盆。
2. 将标签“盆栽土壤”贴在花盆上(图 1)。
3. 将另一个花盆装满紧实的庭院土壤并用标签标注出来。
4. 将最后一个花盆装满松散的庭院土壤并用标签标注出来。
5. 将这 3 个花盆都放在托盘上。
6. 在每个花盆里浇上足够多的水使土壤湿润。

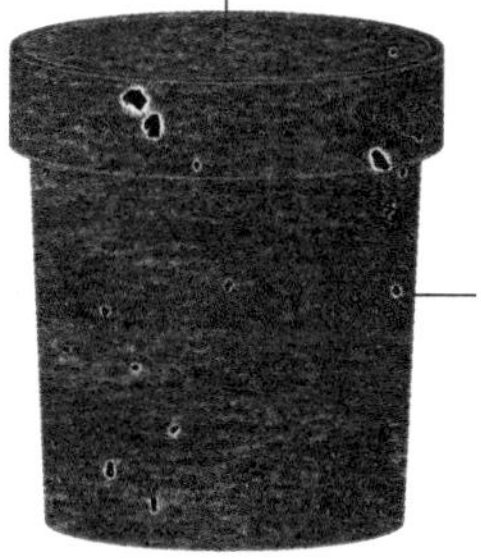

图 1

图 2

7. 每个花盆里种植 3 粒豆荚种子。这 3 粒种子之间留有一定的空间(图 2)。

8. 将小木桩插在每个花盆里,便于豆荚藤蔓向上攀爬。与此同时,在豆荚成长的过程中,小木桩也可以非常方便地测量藤蔓的生长高度。

9. 将这 3 个花盆放在户外阳光充足、便于测量的地方。

10. 在数据表上,记录你种下豆荚种子的日期。

11. 每天给花盆中的豆荚种子浇水,使土壤保持湿润,注意不要让土壤湿透。

12. 如果某个豆荚种子发芽了,在数据表上记录豆荚发芽的日期和发芽的种子所在的花盆。

13. 在接下来的 3 个星期,测量豆荚种子发芽的高度。

14. 将实验结果记录在数据表上。

数 据 表

种植日期:								
盆栽土壤								
紧实的庭院土壤								
松散的庭院土壤								

分 析

1. 哪种土壤里的种子先发芽?哪种土壤里的种子最后发芽?
2. 哪种土壤里的种子藤蔓长得最高?哪种土壤里的种子藤蔓长得最矮?
3. 使用横格纸和彩色铅笔绘制出此期间每个花盆里豆荚生长状况的表格。
4. 根据你的观察,哪个花盆里的土壤质量最好?给出合理的解释。
5. 这项实验的结果为什么对农民有意义?

我们的发现

请参见附录中的“我们的发现”。

实验 15　无土栽培

简　介

土壤里含有植物根系所要吸收的养分、氧气和植物赖以生存的水分。然而，没有土壤植物也能生长。这与我们最初教孩子如何在装满土壤的花盆种下种子不同。事实上，有些植物（例如附生植物）没有土壤也能自然地成长。附生植物生长在其他植物上，一些种类的兰花就属于附生植物。一些种子在没有土壤的情况下也能发芽（但必须有水），因为这些种子本身含有足够它们发芽的养分。甚至对于一些需要土壤才能生长的植物，如果给它们提供足够的水、养分和维持它们生长和生命过程的必需物质，它们也可以在没有土壤的情况下生长。许多栽培者利用水耕法使植物生长在没有土壤的情况下。他们将植物的根泡在营养液里，利用人工手段来支撑植物的茎。当没有足够植物生长所需的土壤时，特别是所种植的植物是人类的食物来源时，我们就可以使用水耕法。

在本实验中，你将在没有土壤的情况下栽培一株植物。

实验时间

1 小时准备，7 天完成

实验材料

- 4 根牙签
- 甘薯
- 玻璃杯
- 足够装满一大半玻璃杯的水
- 钢笔或者铅笔
- 纸
- 约 24 个棉花球
- 8 颗菜豆
- 塑料盘子
- 足够包裹住盘子的透明塑料布

安全提示

请仔细阅读并遵守本书“实验前必读”中的“安全准则”。

实验步骤

1. 用水将玻璃杯装满 3/4。
2. 在尽可能靠近甘薯中部的位置，将牙签以相等的间隔插在甘薯上(图 1)。

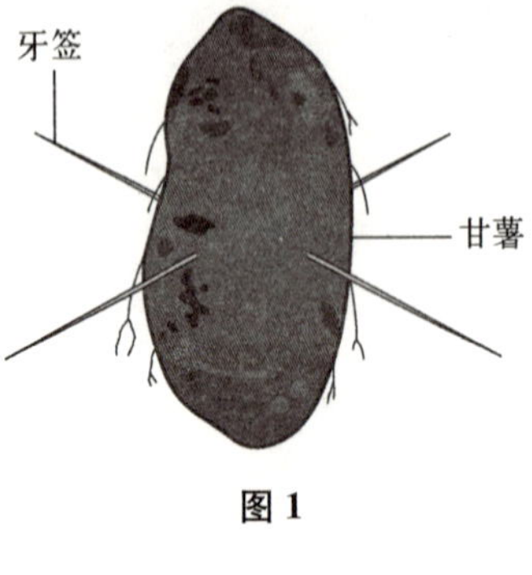

图 1

3. 将甘薯放到玻璃杯中，使牙签卡在玻璃杯的顶部(图 2)。
4. 将玻璃杯放到能照射到阳光的窗户附近。
5. 将棉花球弄湿并将它们放在塑料盘上。
6. 将菜豆放到被弄湿的棉花球的顶部，将棉花球相互隔开一点距离(图 3)。
7. 用透明塑料布将盘子完全覆盖，并且在适当的位置用胶带将塑料布粘住。确保塑料布紧贴

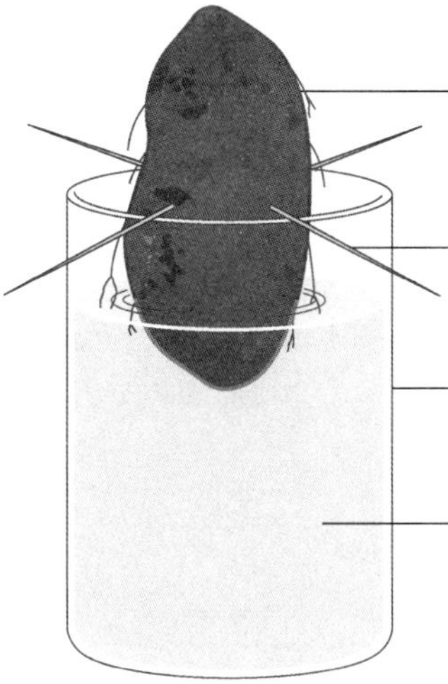

图 2

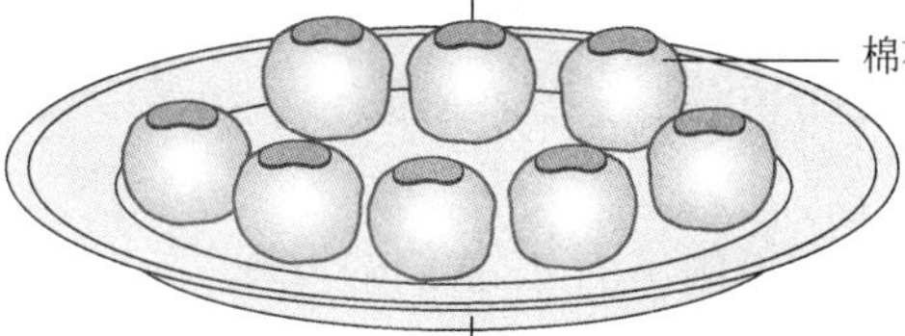

图 3

着菜豆和棉花球。

8. 在塑料布上刺出 4—5 个小洞。

9. 小心地将盘子垂直举起，并把盘子靠在窗户上，使菜豆对着窗外(图 4)。在适当的位置用胶带把盘子粘住，确保盘子不会掉下来。

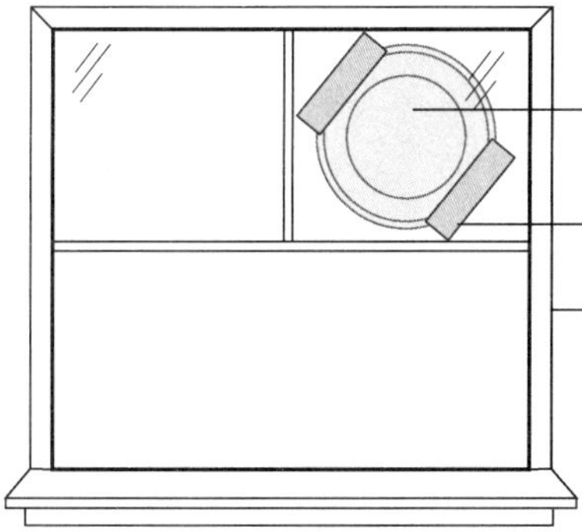

图 4

10. 7 天以后，将盘子从窗户上拿下来，并且把甘薯从窗台上拿走。

11. 记录你对菜豆和甘薯的观察结果。

分 析

1. 甘薯发生了什么变化？这个植物是怎样得以生长的？

2. 菜豆发生了什么变化？这是怎么发生的？
3. 如果你想让你的植物继续生长，为什么现在必须将它们种植到土壤里？
4. 在什么情况下无土栽培有用处？

我们的发现

请参见附录中的“我们的发现”。

实验 16　测试并比较水质

简　介

你走到厨房的水槽边，打开水龙头，水就会出来。但是，你可以直接饮用水龙头流出的水吗？有些人认为自来水中有毒素或污染物，直接饮用是不健康的，但是也有人说这是无稽之谈。然而，瓶装水行业在美国蓬勃发展，难道饮用瓶装水比饮用厨房水槽里的自来水更安全吗？许多污染物以其特有的方式进入我们的水源，而人们又向水中添加其他物质来净化水资源。污染物甚至还可能来自家中的水管。你能发现的水中一些物质包括沉积物、铅、铁、铜、硝酸盐、亚硝酸盐、氯、氯胺和细菌。这其中有许多污染物可引发严重的疾病，甚至造成死亡。

在本实验中，你将测试不同水样的水纯度，研究其中的污染物，并确定污染物是否超标。

实验时间

2 小时准备，若干天完成

实验材料

- 1 杯水(约 236 毫升)，至少来自 4 种不同水源(例如，你家厨房的水龙头、

浴室水龙头、公园或学校的喷泉或者瓶装水）

- 4 个水质检测盒（可在五金商店和科学供应公司买到）
- 几页横格纸
- 钢笔或铅笔
- 4 个清洁的未使用的塑料杯
- 4 个标签
- 黑色记号笔
- 查阅互联网或相关参考书

安全提示

请仔细阅读并遵守本书“实验前必读”中的“安全准则”。建议在成年人的监护下访问互联网。请遵守计算机安全准则。

实验步骤

1. 用一个塑料杯从厨房的水龙头接水。
2. 将杯子贴上标签“厨房水槽”(图 1)。

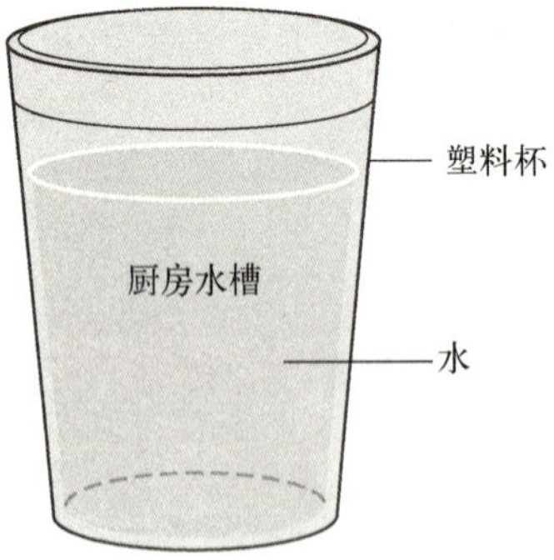

图 1

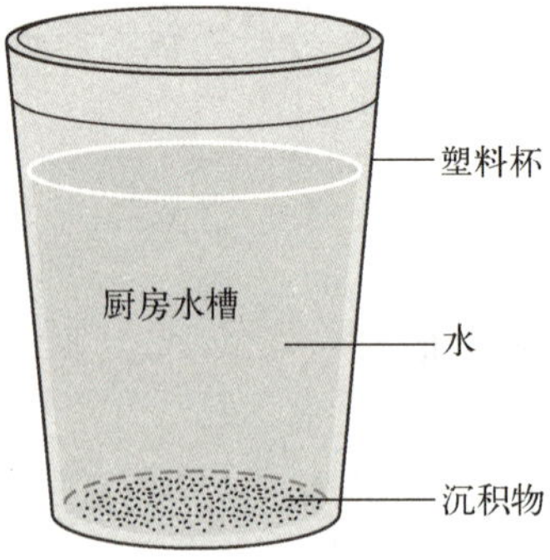

图 2

3. 更换水源，重复实验步骤 1 和 2，并用标签标记出水的来源：浴室水槽中的水、喷泉水和瓶装水。

4. 将每个杯中的水放置片刻。观察其沉积物(图 2)。

5. 记录观察结果。

6. 使用水质检测盒,测试每种水样中下列沉积物的含量:

① 铅 ⑥ 铁

② 硝酸盐 ⑦ 氯胺

③ 亚硝酸盐 ⑧ 铜

④ 氯 ⑨ 细菌

⑤ 钠 ⑩ pH 值

需要注意的是,你需要将水质检测盒邮寄到检测部门,该检测部门会将检测结果邮寄给你。

7. 使用参考资料,研究每一个经你测试的沉积物的“合格”标准,每个水样本中是否包含某些沉积物,它们是在合格标准下还是达到了不健康的标准。建议你访问网站 http://www.epa.gov。

数 据 表

沉积物	厨房水龙头水		浴室水龙头水		喷泉水		瓶装水	
	含量	是否安全?	含量	是否安全?	含量	是否安全?	含量	是否安全?
铅								
硝酸盐								
亚硝酸盐								
氯								
钠								
铁								
氯 胺								
铜								
细 菌								
pH 值								

分 析

1. 你的样本中是否含有一些沉积物达到了非健康标准?如果有,哪些水样品的沉积物超标了？

2. 样品中所含的沉积物通过了合格标准吗？如果有，哪些水样品合格了？

3. 这个实验结果会影响你对饮用水的选择吗？

4. 美国环保局必须对水中沉积物含量设置限制，你认为其中的原因是什么？

我们的发现

请参见附录中的“我们的发现”。

实验 17　将动物与其所属的生物群落相匹配

简　介

生物群落是指具有相似的气候、植被和其他因素的生物共同体。生物群落的物理环境包括降水量和温度。水生生物群落可能还包括水的盐度和深度。陆地生物群落在地面上，包括苔原、针叶林、温带针叶林、落叶阔叶林、雨林、草原（热带草原）和沙漠。根据水的盐度差异，水生生物群落可分为海洋生物群落和淡水生物群落。海洋生物群落的特点是由水的深度决定的，其中包括海洋、珊瑚礁和河口。淡水生物群落的特点除了由水深差异决定以外，水是否流动也会影响淡水群落的特点。湖泊、溪流、河流、池塘和湿地都属于淡水生物群落。

在本实验中，你将研究特定的生物群落和在该生物群落里生活的动物。将实验结果绘制图表并比较、对比你所研究的两个生物群落。

实验时间

约 4—5 小时

实验材料

- 1 张白纸
- 钢笔或铅笔
- 彩色铅笔、蜡笔或记号笔
- 一盒各种动物形饼干
- 2 张横格纸
- 查阅互联网或相关参考书

安全提示

请仔细阅读并遵守本书"实验前必读"中的"安全准则"。遵守使用互联网的安全准则。

实验步骤

1. 将纸纵向折一次(图 1)。
2. 不要展开纸,将纸横向折叠两次,变成原来纸的 1/3 大小。(图 2)。

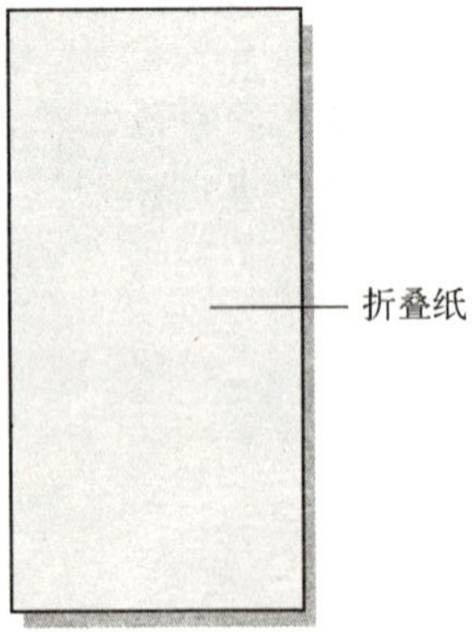

图 1

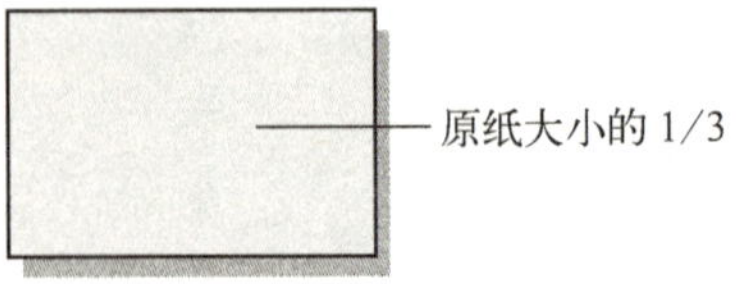

图 2

3. 把纸展开,纸上的折叠线划分出了 6 个空格(图 3)。

4. 在每一个空格里写上以下生物群落的名字(图 4)：苔原、落叶阔叶林、草原、雨林、沙漠和海洋。不要打印成大字，因为你要在空格内绘制并添加内容。

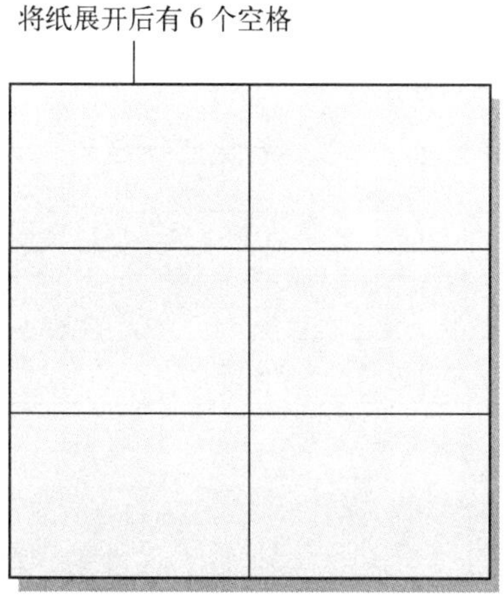

图 3

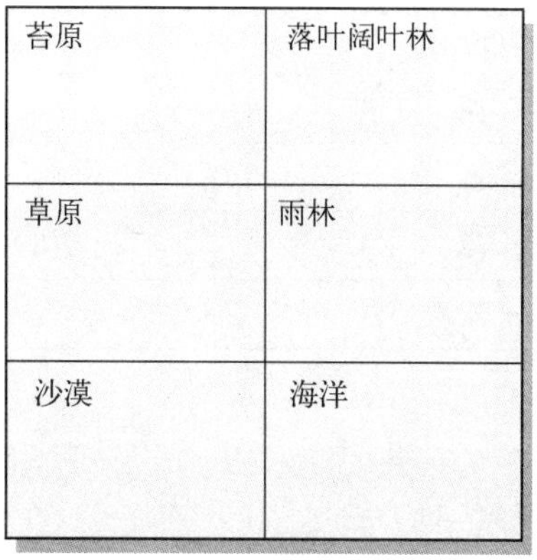

图 4

5. 使用参考书籍或互联网，查找 6 个生物群落，并找出与各个生物群落对应的图片。

6. 在纸的空格内，绘制出与每个生物群落相匹配的图片。

7. 打开动物形饼干盒子。

8. 根据你的研究，把每个动物饼干所代表的动物放在其最有可能生存的生物群落空格内。请考虑每种动物的类型，例如：如果是一只熊，你要辨别它是棕熊还是北极熊。

9. 完成数据表。

数 据 表

生物群落	动 物	纸上空格处该动物的数量	动 物	纸上空格处该动物的数量
苔 原				
落叶阔叶林				
草 原				
雨 林				
沙 漠				
海 洋				

续 表

生物群落	动 物	纸上空格处该动物的数量	动 物	纸上空格处该动物的数量
苔 原				
落叶阔叶林				
草 原				
雨 林				
沙 漠				
海 洋				

分 析

1. 确定动物属于哪个生物群落难吗？为什么？

2. 使用横格纸制作一张图表，确定空格内每种动物的数量。哪种动物最多？哪种动物最少？

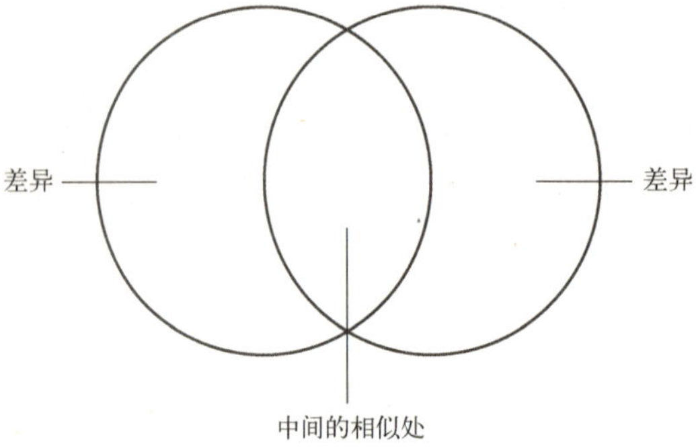

图 5

3. 请另做一张表格，确定每个生物群落存在多少种类型的动物。哪些生物群落中的动物种类差异最大？哪些生物群落中的动物种类差异最小？

选择两个生物群落，绘制维恩图来显示两个生物群落的相似点和差异。内容包括生活在那里的动物类型。图 5 就是你要制作的维恩图。

我们的发现

请参见附录中的“我们的发现”。

实验 18　制造生物群落区

简　介

生物群落区是指具有相似气候条件的地区，相似的气候条件使得相似的生物群落得以形成。因为环境条件相似，因此在世界各地所发现的生物群落区可能会包括相似的有机生物。一般来说，生物群落区的气候受地理位置影响，首先体现在年平均气温和降水量两方面。一些地区干旱，一些地区湿润，这主要取决于该地区降水量的多少。生物群落区内的动植物在进化过程中已经适应了它们所生存的环境，有能力生活在高温、严寒或湿度较低的气候环境中。比如，沙漠就是一种生物群落区，在这种生物群落区里，仙人掌等植物已经适应了干旱的环境。它们储备水分，减少水分流失，并在夜间打开气孔来呼吸。

在本实验中，你将制造两个生物群落区模型——微型生物群落区和热带生物群落区。

实验时间

1—3 小时准备，2—4 星期完成

实验材料

微生物群落区

- 1 个 2 升空的饮料瓶
- 剪刀
- 明确加仑大小的密保诺®拉链式袋
- 鹅卵石，足以填满 2.5 厘米瓶底部
- 2 杯(约 472 毫升)的盆栽土壤
- 草籽
- 豆荚种子
- 水
- 尺子
- 几页横格纸
- 钢笔或铅笔

高级生物群落区

- 带网状盖子的鱼缸
- 鱼缸光源(在水族馆或爬行动物商店购买)
- 鱼缸热源(在水族馆或爬行动物商店购买)
- 小浅碗
- 足以覆盖水箱底部的砾石
- 约与鹅卵石量相同的土壤，需要时另加 8 杯
- 大汤匙
- 温度计
- 1 / 2 杯醋(约 118 毫升)
- 流水
- 4 个小花盆
- 2 种热带蕨类植物(从苗圃购买)
- 2 颗喜林芋(从苗圃购买)
- 家养壁虎(从水族馆或宠物商店购买)
- 如何饲养壁虎的书籍(可从宠物商店或书店购买)

- 蟋蟀(用来喂壁虎)
- 大黄粉虫幼虫(用来喂壁虎)

安全提示

请仔细阅读并遵守本书"实验前必读"中的"安全准则"。建议在成年人的监护下进行实验操作。在购买动物、昆虫并将它们带回家之前应征得父母的同意。在接触动物和昆虫之前或之后应洗手。精心喂养和照顾动物。按照宠物店所提供的饲养动物的说明来照顾动物。请注意，动物需要你不断地关爱和照顾。

实验步骤

微生物群落区

1. 将饮料瓶横向切成两半，保留瓶的底部作为容器(图 1)。

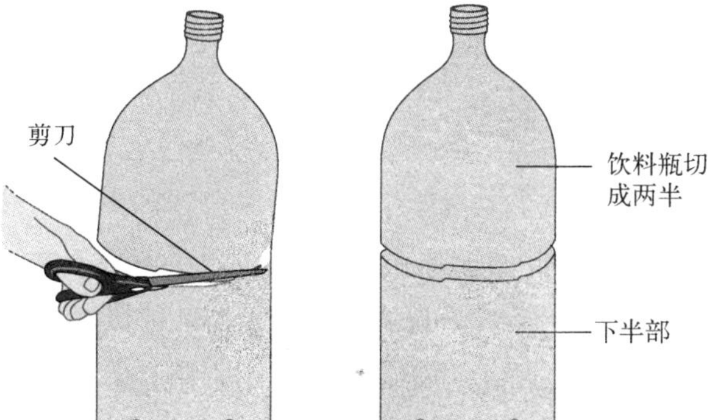

图 1

2. 把鹅卵石放入饮料瓶的下半部，深度约 1.25 厘米(图 2)。
3. 倒入 1 / 2 杯(约 360 立方厘米)的盆栽土壤，覆盖住鹅卵石。
4. 在土壤上播撒种子。
5. 将剩余的土壤铺在种子上方(图 3)。

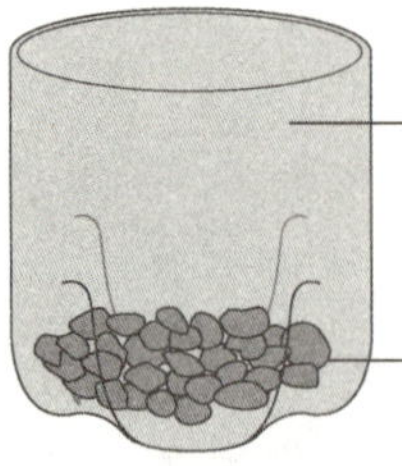

图 2

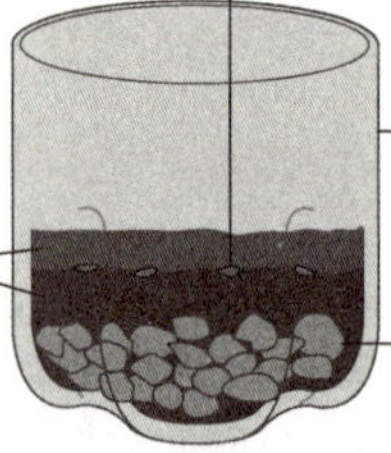

图 3

6. 向土壤中倒入水，直到土壤湿润，水汇集在鹅卵石的周围。

7. 将密保诺拉链袋(Ziploc ® bag)直立套在上面，小心不要使饮料瓶翻倒(图 4)。

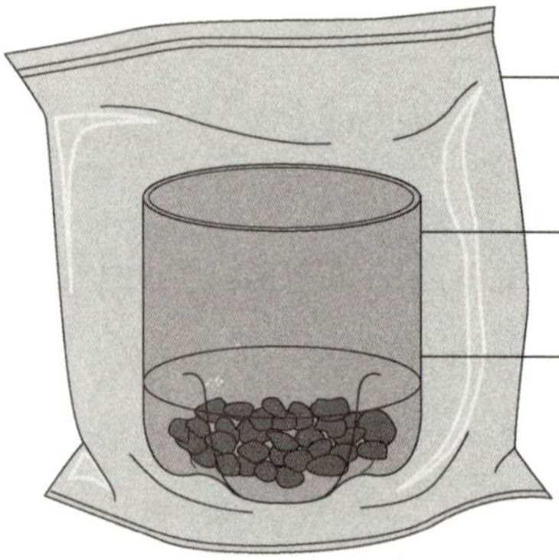

图 4

8. 将袋密封。你现在已经建成一个微生物群落区了。

9. 在未来 2 个星期里观察微生物群落区，并记录观察结果。

高级生物群落区

10. 把醋注入鱼缸里。

11. 向鱼缸中注入流水，形成弱醋/水溶液，用以清洗鱼缸（切勿使用清洁剂，以免伤害鱼缸内的有机生物）。

12. 用清水彻底冲洗鱼缸，以免醋残留。

13. 在鱼缸底部铺上砾石。

14. 在砾石上覆盖一层土壤(图 5)。

15. 把小浅碗装满水，置于鱼缸内土壤上面的一侧(图 5)。

图 5

16. 向花盆里填土，使填入的土壤占花盆深度的 2 / 3。

17. 在小花盆中栽培蕨类植物和喜林芋。

18. 把花盆放入鱼缸中(图 5)。

19. 按照壁虎宠物书上的信息，安装适合壁虎生存的光源和热源。

20. 将壁虎轻轻地放入生物群落区里(图 5)。

21. 把屏蔽盖固定在鱼缸上方，以避免壁虎逃走。

22. 按照壁虎宠物书上的饲养时间表，向鱼缸中加入蟋蟀和/或大黄粉虫幼虫。

23. 每隔一两天加入一碗水，以确保壁虎有大量的饮用水。

分 析

1. 在微生物群落区保持密闭的情况下，植物是如何生长和保持水分的？

2. 为什么把热带植物添加到高级生物群落区模型中？

3. 你可以在鱼缸或院子里创建其他的生物群落区模型吗？如果可以，你需要哪些材料？

我们的发现

请参见附录中的“我们的发现”。

实验19 淡水栖息地研究

简 介

栖息地的条件是千差万别的，即使是最意想不到的地方也有可能是某些动植物的栖息地。淡水栖息地是一种常见的，但却时常被人们所忽视的栖息地类型，它形成于池塘、水流、小溪、河流以及其他水资源中。淡水栖息地无处不在，有淡水流经或聚集的地方就存在淡水栖息地。如果你家草坪的某一区域可以长时间存住水分，那么这个区域也可能成为一个淡水栖息地。最后，会有从植物到昆虫幼体的各类生物体在那里生长。然而，这些栖息地较为脆弱，污染导致的水体变化将对生存在那里的有机生物产生负面影响。如果污染物十分危险并且分布广泛，该淡水栖息地生存的所有有机生物会被污染物杀死。通常状况下，由污染导致的水体变化往往会导致一些有机生物的灭亡和另一些有机生物的滋生。随着水质的恶化，栖息地里会出现不同的物种。

在本实验中，你将参观一个当地的淡水栖息地，研究存在于该栖息地的有机生物，并将它们归类。

实验时间

2小时

实验材料

- 《池塘生物指南》(可从图书馆查阅或书店中购买)
- 小鱼网
- 小网眼的大网
- 长柄捞网
- pH 试纸
- 温度计
- 米尺或卷尺
- 直尺
- 秒表
- 放大镜
- 鱼漂或轻的可以漂浮在水面上的物体,如一片叶子
- 旧靴子
- 实验记录本
- 铅笔

安全提示

请仔细阅读并遵守本书“实验前必读”中的“安全准则”。在湿滑路面上行走或站立时请小心。建议在成年人监护下进行实验。

实验步骤

1. 找离你最近的淡水栖息地,如当地的池塘或小河。如果附近没有这样的栖息地,可以找有水的排水沟来替代。

2. 为避免损坏鞋子请穿旧靴子。

3. 静静地观察淡水栖息地。观察水的边缘和清澈度。记录观察到的事物和听到的声音。

4. 在实验记录本上记录下观察结果和观察日期。

5. 使用温度计测量水的温度。(图 1)

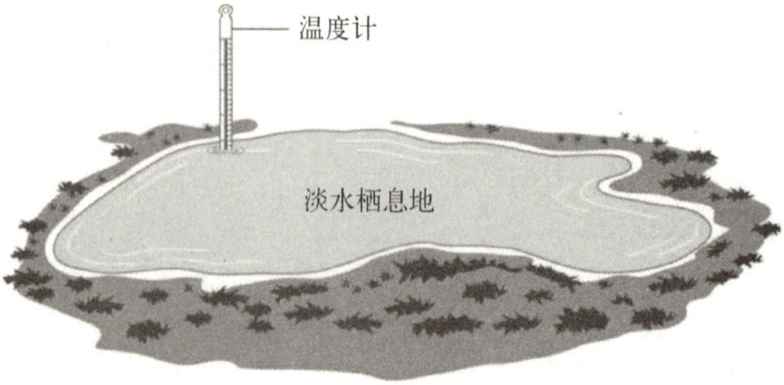

图 1

6. 在实验记录本上记录淡水栖息地的温度。

7. 用米尺确定水的深度(图 2)。如果水深超过 1 米,你可能需要使用卷尺来测量。

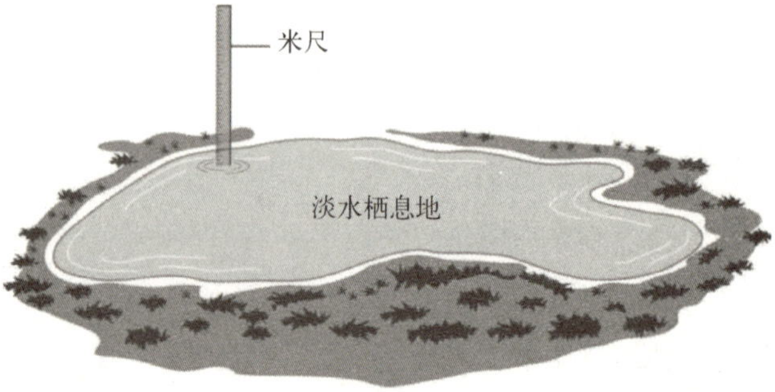

图 2

8. 在实验记录本上记录淡水栖息地的深度。

9. 将鱼漂放置在靠近淡水栖息地边缘的水面上。标记鱼漂的初始位置。

10. 10 秒后,再次标记鱼漂的位置(图 3)。

11. 测量两个位置之间的距离。

12. 在实验记录本上记录距离(注:如果水面是静止不动的,鱼漂不会移动太远距离。水面如果有风,鱼漂会移动较远)。

13. 用距离除以 10 秒,所得到的结果就是水流动的速度。

14. 将 pH 试纸浸入水中测量水的 pH 值。

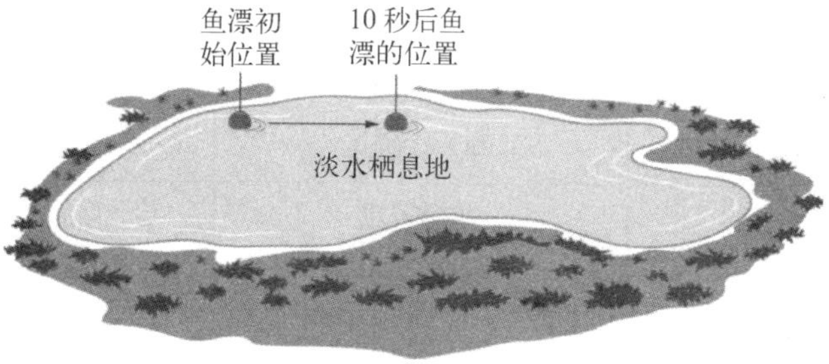

图 3

15. 在实验记录本上记录下 pH 值测试的结果。

16. 向水桶中注入一些淡水栖息地的水。

17. 将较大的网置于淡水栖息地下游的水底，放置一两分钟。

18. 提起网并轻轻地将网里的东西倒入桶中。

19. 观察水和桶里的有机生物。

20. 在实验记录本上画出你所发现的任何活物。

21. 参照《池塘生物指南》，尝试鉴别尽可能多的有机生物。此外，清点数目，记录你已经识别的有机生物的数量和名称。

22. 将有机生物放回淡水栖息地里。

23. 再次使用大网，将淡水栖息地底部的水搅浑。

24. 重复实验步骤 16—22。

25. 在接近水表或者在静止不动的水中，使用较小的网，重复实验步骤 16—22。注意网不要触及淡水栖息地的底部。

26. 清理实验过程中产生的垃圾。

分 析

1. 你发现了多少种不同类型的有机生物？

2. 你能辨识出其中一些有机生物吗？

3. 在进行该实验以前，你意识到了栖息地有机生物的多样性吗？

4. 如果改变水的 pH 值或向水中添加污染物，你认为将会发生什么？

5. 下面的图表显示了不同水质的淡水栖息地中存在的有机生物类型。根据图表，你如何对你所研究的栖息地的水质进行分类？

良好水质	干净水质	低劣水质
蜉蝣幼虫	淡水螯虾	水生蠕虫
石蝇幼虫	甲壳片脚虫	水　蛭
石蛾幼虫	蜻蜓若虫	袋状螺
蛇蜻蜓幼虫	大蚊若虫	蚊蝇幼虫
水便士虫	蛤	蚋的幼虫
浅滩甲虫	蜻蛉幼虫	鲤　鱼
鳟　鱼	潮　虫	
	鲶　鱼	

我们的发现

请参见附录中的“我们的发现”。

实验 20　高山屏障的影响研究

简　介

山的不同侧面，气候千差万别。新形成的山脉会导致气候的变化。这些变化转而会直接影响一个地区的动植物。例如，一座山崛起后，山的一个侧面阻挡了暴风雨，这一地区也许会形成沙漠环境。然而，山的另一侧却得到了所有降雨。高山屏障对于天气有巨大的影响，因此形成了专门致力于山区研究的气象学的一个分支——山地气象学，该学科主要研究山脉对大气的影响效果。

专门针对山脉气象进行研究，即研究山脉对大气影响效果。气候差异也可能导致物种的生存差异，这将直接导致物种的形成。居住在山区附近的人们也许形成了一些特定的文化，这些特定的文化与山脉存在所引起的气候特征有直接的关系。

在本实验中，你将制造一个山脉模型，并观察该山壁屏障对气候的影响。

实验时间

45 分钟

实验材料

- 玻璃烤盘
- 小块和中等大小的岩石
- 纸杯
- 食用色素
- 量杯
- 热水适量：足够填充盘子
- 足够填充盘子的常温水或足量冷水
- 铅笔
- 几条胶带

安全提示

请仔细阅读并遵守本书“实验前必读”中的“安全准则”。练习时要小心处理热水，以免烫伤。

实验步骤

1. 用铅笔在纸杯侧面分散地戳 10 个洞(图 1)。

2. 将杯子放入烤盘的一个角落里并用胶带固定(图 2)。

3. 将岩石沿着盘子中心排列并摞垒，从而形成一个模拟的山脉。但是其高度要低于盘子的高度(图 3)。

4. 加入足够的常温水，使水填满烤盘并覆盖岩石。

5. 在 1 杯(240 毫升)热水中添加 5 滴食用色素。

6. 将带颜色的热水倒入烤盘的纸杯里。

7. 观察将会发生什么变化。

8. 把烤盘和纸杯里的水倒空。

9. 重复实验步骤 4—8，但这次向烤盘中添加热的无色水，并向纸杯里加入

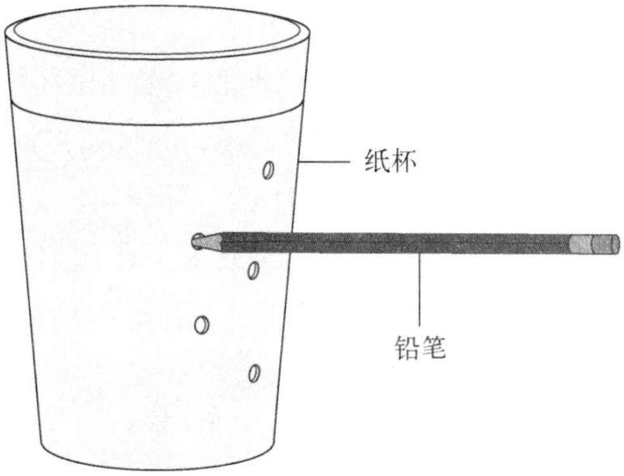

图 1

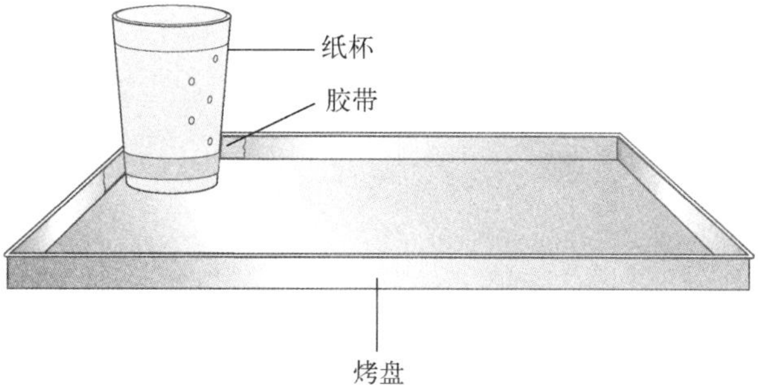

图 2

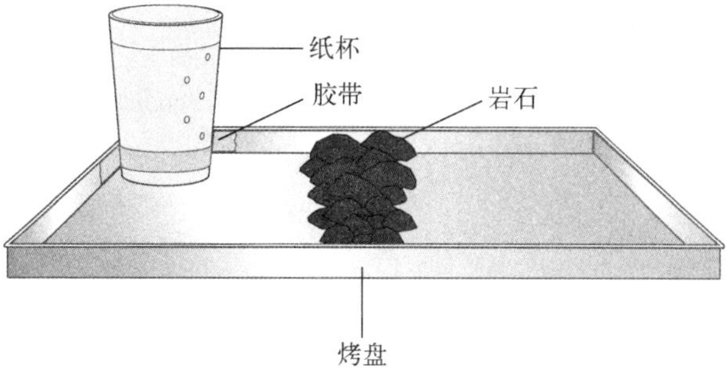

图 3

有色的冷水。

分 析

1. 热空气和冷空气与热水和冷水的移动方式相似。考虑到这一点，你认为山脉是如何影响暴风雨和其他类型的天气的？

2. 山脉的崛起是如何影响其周围的土地和野生动植物的？

3. 一些种类的鸟只生活在沙特阿拉伯（Arabia），如果沙特阿拉伯西部从来没有形成过山脉，你认为这些种类的鸟会生活在那里吗？如果没有这些山脉，你认为气候将受到怎样的影响？当地人们的文化又会受到怎样的影响？

我们的发现

请参见附录中的“我们的发现”。

附　录

实验环境的设置

本书中的实验都是根据实验时所使用的材料和设备进行分类的，分类如下：

- “学校实验”标题下的实验，使用的设备和材料都只能在实验室中找到。标有“学校实验”的实验必须在教师或另一个成年人的监督下进行。
- “家庭实验”标题下的实验所使用的材料都是家中常备或日常使用的东西。这些实验只需要在有成年人监督的情况下在家中进行。
- 分类在“户外实验”下的实验，既可以在学校进行也可以在家中进行，只需要有成年人监督即可。

学校实验

实验 8　将水过滤以防止污染

实验 16　测试并比较水质

家庭实验

实验 1　石油泄漏与环境

实验 2　酸雨

实验 3　减缓侵蚀

实验 6　生物多样性实验

实验 7　沙漠适应性和水
实验 9　自然演替：森林罐
实验 11　土壤湿度和透湿性
实验 13　研究代用燃料(该实验部分在室内完成)
实验 15　无土栽培
实验 17　将动物与其所属的生物群落相匹配
实验 18　制造生物群落区
实验 20　高山屏障的影响研究

户外实验

实验 4　自然循环
实验 5　太阳能蒸馏器
实验 10　蒲公英的栖息地
实验 12　制造垃圾填埋场模型
实验 13　研究代用燃料（该实验部分在户外完成）
实验 14　确定土壤质量
实验 19　淡水栖息地研究

我们的发现

实验 1　石油泄漏与环境

1. 答案会有所不同。但是答案也许包括油将粘在鸟类和植物上，带来疾病或者造成鸟类和植物的死亡。

2. 答案会有所不同。

3. 答案会有所不同。

4. 答案会有所不同。

实验 2　酸雨

1. 因为醋是酸性物质，因此醋的影响与酸雨的影响相似。

2. 答案会有所不同。

3. 答案会有所不同。

4. 答案会有所不同。但是答案也许包括污染不仅影响空气质量也会造成酸雨。酸雨能降落到地球的任何地方，对建筑、石头、植物、动物和所有的有机生物造成破坏。

实验 3　减缓侵蚀

1. 只装有土壤的半瓶溢出更多的水。因此装有这个半瓶的烤盘水量更多。

2. 装有土壤和草皮的半瓶剩余更多的土壤。因此装有这个半瓶的烤盘剩余的土壤更多。

3. 士兵被冲倒。该实验是用来模拟大量水流造成山洪暴发的情景。

4. 草和其他植物将土壤固定在原地，阻止土壤被水冲走。

5. 答案会有所不同。

实验 4　自然循环

1. 答案会有所不同。但通常情况下，纸袋将开始降解。

2. 答案会有所不同。

3. 当我们使用不可生物降解的产品时，我们就对环境造成了破坏。

4. 答案会有所不同。

实验 5　太阳能蒸馏器

1. 水是淡水。

2. 蜂鸣器没有发出响声，没有离子传导电。因此，这不是盐水而是淡水。

3. 答案会有所不同，但是答案也许包括品尝水。

4. 在拥有大量盐水少量淡水的地区，太阳能蒸馏是一种自然、便宜的蒸馏淡水的方法。

实验 6　生物多样性实验

1. 热带雨林物种最具多样性。

2. 麦田或者草地物种多样性最少。

3. 这些物体被用来代表物种，可以展现出多少种不同的物种生存在一个生物群落区里。

4. 不仅热带雨林的树木很重要，而且热带雨林是众多物种生存的家园。如果热带雨林消失了，这些物种都将灭绝。

5. 我们破坏了拥有众多物种的栖息地，用物种较少的栖息地来替代。生活在原来自然栖息地的物种将灭绝。

实验 7　沙漠适应性和水

1. 作为参照的海绵失去的水更多。

2. 海绵变轻是因为海绵中的水蒸发了。

3. 沙漠中的有机生物必须尽力适应干燥气候并防止自己因为缺水而死掉。

4. 答案会有所不同。

实验 8　将水过滤以防止污染

1. 答案会有所不同。

2. 如果水中有微生物，则需要在水中加入某种抗菌剂或者将水过滤。

3. 被污染的水将污染环境，造成其他有机生物的死亡，并且最终极有可能威胁我们的水源。

实验 9　自然演替：森林罐

1. 森林罐与动植物培养箱的不同之处在于其目的是观察一些植物如何灭绝并被其他植物所取代。

2. 随着时间的流逝，最初在罐子里占主导地位的植物将灭亡，而其他种类的植物将取代其主导地位，结果是完全不同的一些有机生物在此生存。

3. 多余的水消失后天堂鸟花种子才可以生长。

4. 更加干燥的环境以及已经发芽的天堂鸟种子是向日葵种子生长必需的环境。

5. 答案会有所不同。

实验 10　蒲公英的栖息地

1. 答案会有所不同。

2. 答案会有所不同。

3. 答案会有所不同。

4. 答案会有所不同。

实验 11　土壤湿度和透湿性

1. 沙子沉入水底，因为沙子的密度比水大。

2. 黏土通常状况下会漂浮，因为黏土的密度小。

3. 盆栽土壤通常状态下会悬浮在水中，因为它的密度较小。

4. 对于植物的根茎来说，盆栽土壤是最好的土壤，因为它可以将水保存在土里，根可以更好地吸收水分。

5. 沙子和黏土不能保存住植物的根所需要吸收的水分。

实验 12　制造垃圾填埋场模型

1. 答案会有所不同。

2. 答案会有所不同。

3. 植物阻止水流失的同时也阻止了土壤流失。如果土壤流失，垃圾就会露出地面。

4. 答案会有所不同。

实验 13　研究代用燃料

1. 答案会有所不同。

2. 过滤纸上有黑色微粒。

3. 我们吸入的污染物会影响我们的呼吸，并导致某些疾病。同样道理，这些污染物也能使其他有机生物感染疾病或死亡。污染物还可以破坏有机生物的栖息地，这同样会造成有机生物的死亡。

4. 答案会有所不同。

实验 14　确定土壤质量

1. 答案会有所不同。

2. 答案会有所不同。

3. 答案会有所不同。

4. 长得最高的植物所在的花盆里的土质量最好。

5. 农民可以通过使用质量更好的土壤来提高农作物的质量和产量。

实验 15 无土栽培

1. 甘薯开始长出了茎和根。它可以在水中生长是因为它可以从水里及甘薯自身获得所需的营养。

2. 菜豆开始发芽是因为有水分并且可以利用储存在菜豆里的营养。

3. 它们必须种植在土壤里,因为它们已经将储存在甘薯(或者菜豆)里的营养吸取完了,现在需要吸取土壤中丰富的营养使其继续生长。

4. 在土地有限或者土地质量差的地区,无土栽培是非常有益的。

实验 16 测试并比较水质

1. 答案会有所不同。

2. 答案会有所不同。

3. 答案会有所不同。

4. 政府必须对水中的沉积物含量设置限制,从而防止水中的有害物质含量超标。

实验 17 将动物与其所属的生物群落相匹配

1. 答案会有所不同。

2. 答案会有所不同。

3. 答案会有所不同。

4. 答案会有所不同。

实验 18 制造生物群落区

1. 植物使得二氧化碳和氧气得以循环。水蒸发后再凝结。

2. 植物为动物提供了一个更为自然的栖息地。

3. 答案会有所不同。

实验 19 淡水栖息地研究

1. 答案会有所不同。

2. 答案会有所不同。

3. 答案会有所不同。

4. 会有许多不同种类的有机生物生存在那样的环境里。

5. 答案会有所不同。

实验 20　高山屏障的影响研究

1. 当热空气和冷空气移动时，天气系统会受到同样的影响。

2. 如果气候改变，栖息地就将改变，极有可能造成野生动植物的灭绝，或者野生动植物将不能接触到它们所需的资源从而灭绝。

3. 答案会有所不同。但是答案也许包括如果这些山脉没有形成，在那里生存的物种将会是完全不同的物种。那里的气候也将与目前的气候不同。

环境篇

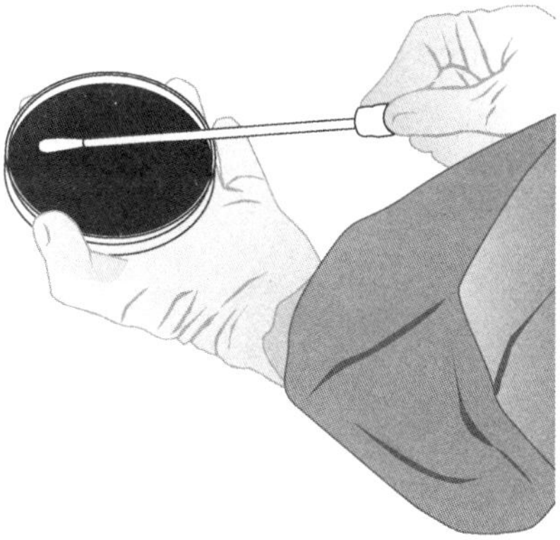

简 介

20 世纪期间，公众只是模糊地认识到环境问题在世界范围内逐渐发展。随着人类迈入 21 世纪，政府和科学家开始将环境问题公之于众，宣称环境问题不仅真实存在，而且正在威胁着地球的可持续发展，这时公众才全然醒悟过来。现在，地球上人们都知道我们的空气、水和土壤质量所处的危险。人类了解了自己的生存环境，就应该面对不断增长的人口所造成的困境，承担起自己的责任。

在“环境篇”中，我们为教师和学生提供了帮助探索环境问题的工具。通过 20 个实际操作性实验活动，学生们能够了解更多有关的环境问题和解决问题的方法。

为了帮助学生亲自参与有关自然界的问题，他们首先必须辨别和了解这些问题。事实、数据、图表和报告有效地提供有关环境的信息，帮助他们提高环境意识。在中学时期，青少年们正处于理想主义的人生阶段。在这人生的关键时刻，教师能够帮助学生认识到人类的所作所为对环境有至关重要的作用，科学教师的引导会对学生这一重要的人生阶段产生积极的影响。

本篇中的实验探究了各种环境问题。环境所面临的大多数挑战是由于人类过度地使用地球资源。在“酵母的数量增长”这一实验中，对酵母数量多少和增长方式的观测有助于学生了解地球上的人口在相对短的时间内如何达到历史新高。这个实验也帮助学生认识了教育在降低人口增长速度方面所起的作用。

环保人士指出，如果人们把可持续发展设定为生活方式的话，那么许多问题应该被减少和处理。可持续发展的生活方式是保护资源，以便为后代留下可利用的资源。保护资源的两种方法是回收资源和减少资源浪费。本书中有几个实验传达了这些环境科学的主旨。在“植物在灰水和自来水中长势相同吗?”这一实验中，向学生介绍了灰水，学生分析了灰水作为可回收的项目的用途。“人们扔掉了什么？”这一实验仔细观察了成为废物的东西，我们产生的垃圾量以及我们处理垃圾的方法。“重复使用水瓶的安全性”和“味道试验”两个实验使学生思考他们使用塑料瓶的原因以及塑料对环境的许多影响。在“设计可重复使用的信封”这一实验中，探测了重新利用纸张这一主要废物并推广了降低资源的概念。

随着人口的增长和生活方式对能量的依赖，获得可代替的能源吸引了人们的极大兴趣。“太阳能”和“风能”这两个实验帮助学生观察利用这两种能源为我们的家庭提供电能的因素。相对新的生物燃料领域在“用作生物燃料的藻类”这一实验中得以观察。

环境降解也是由地球上数百万人的活动所造成的。污染影响地球的各个部分，包括空气、土壤和水。在“检测水中的大肠菌群”“环境污染物对水蚤的影响”“制造并使用浑浊度测试管”和“硝酸盐对浮萍数量的影响”这些实验中，学生检测在水路上和地下水中的一些问题。“石油的生物降解”这一实验帮助学生了解科学家如何确定细菌的位置，并使用细菌来分解喷洒到水中和土壤中的石油。

在“入侵物种的密度”这一实验中，学生分析了外来物种对生态系统的影响。空气污染在“臭氧的试验”和“酸雨是如何影响彩叶草的？”这些实验中得以传达。本书中其他的实验也传达了环境科学的一些基本原理，包括生态系统结构和能量转移。

教育者如何帮助学生了解自己、鼓励他们保持可持续发展的生活方式应该是地球问题的一个解决方法。我们应该如何做呢？也许采取的第一个步骤是要牢记人类和自然有着与生俱来的联系。学生们需要有机会来学习和实施与他们息息相关的天然联系。本书的目标就是帮助学生发展他们的理想，更好地规划我们共同生存的地球。

实验1 检测水中的大肠菌群

题目

检测水域内粪便中的大肠菌群。

简介

很多城市都将地表淡水作为水源，例如湖水、溪水和河水。这些水中含有各种各样的细菌。淡水中的细菌通常包括光合作用类和无机物的分解体两类。此外，水源中也可能存在病原菌。病原菌的主要来源是人类和其他动物的粪便，这些粪便存在于动物的肠道内。大多数细菌都不携带病毒，而且有助于细菌所寄生的动物的消化和营养吸收。然而，动物的粪便中却可能携带含有病原体的细菌。

地方水资源专家会定期检测水源中是否有导致疾病的物质存在。直接检测病原菌的存在耗资巨大，因此专家们通常选择检测粪便中其他细菌的存在状况。粪便中的大肠菌群是肠细菌中庞大的一类，通过采集水样就可以检测大肠菌群的存在，它被用作水中粪便的指示器。如果专家们检测出了大肠菌群，就会继续检测其他病原体。在本实验中，你将采取水样，并且检测大肠菌群是否存在。

实验时间

第一部分：30 分钟
第二部分：30 分钟
第三部分：30 分钟

实验材料

- 带盖的无菌塑制收集瓶，或带塞子的无菌试管
- 无菌移液管
- 无菌培养皿（大）
- 小烧杯
- 检测大肠菌群用的培养基（独立包装瓶）
- 铝箔
- 热水
- 供书写的透明胶片
- 供书写透明胶片的笔
- 小号换算尺
- 瓶装漂白剂
- 实验记录本

安全提示

采水样的时候戴手套。请仔细阅读并遵守本书的“实验前必读”中的“安全准则”。

实验步骤

第一部分

1. 与实验教师共同来到要测试的水域。

2. 戴上手套，握住收集瓶的下端，将其倒立插入水面，保证收集瓶的瓶底位于水面之上。

3. 在水中以 U 形移动收集瓶，最终将其灌满水移出水面。

4. 倒掉一点水，保证收集瓶瓶口存在少许空气，盖上瓶盖。

5. 摘下手套，清洗双手。

第二部分

1. 用肥皂洗手，清洁工作台。

2. 将烧杯中注满一半的热水。把培养基瓶子放在装有热水的烧杯里几分钟，使其软化。

3. 打开培养基，用无菌吸液管吸取 2.5 毫升水样，注入其中。

4. 盖上培养基，轻轻晃动，使水样与培养基混合。

5. 打开有盖的无菌培养皿(参见图 1)，将培养基注入其中。盖上培养皿，轻轻旋转培养皿，使胶体均匀铺散开来。放置一小时，直至胶体凝固。

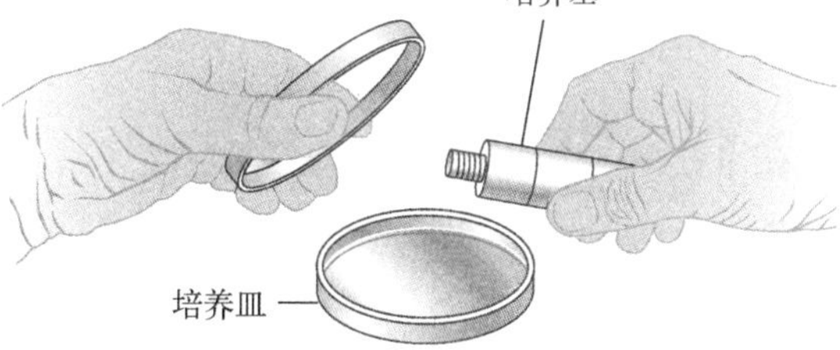

图 1

6. 当胶体凝固后，盖上铝箔，将其倒置放于温暖的位置。

第三部分

1. 24 小时之后(不超过 48 小时)，撕开铝箔，检查培养皿(不打开盖子)，寻找呈现为带颜色的小点的菌群。

2. 如果只有少许带颜色的菌群，你可以直接查出它们的个数，记录在第一部分“细菌的数量”的数据表中。颜色位于蓝色到紫色之间的菌群是大肠杆菌——大肠菌群中的一种。颜色位于品红色到粉色之间的菌群是其他种类的大肠菌群。没有颜色的菌群是其他菌群(参见图 2)。

3. 如果菌群太多，很难统计数目，可以使用网格计数法，具体操作方法如下：

① 使用书写透明胶片的笔在透明胶片上画出一个“田”字，其中每个方框边长 1 厘米(参见图 3)。

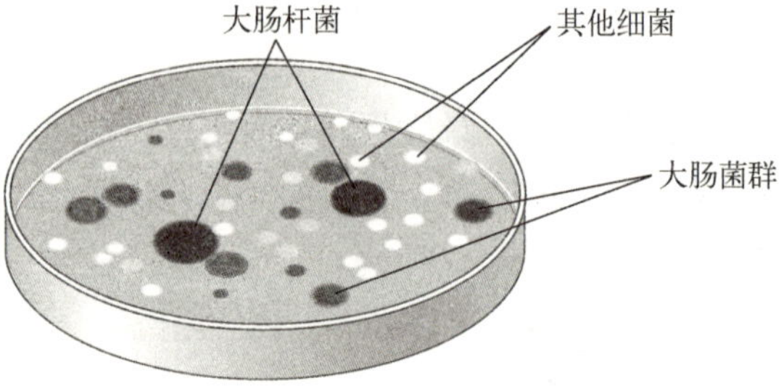

图 2

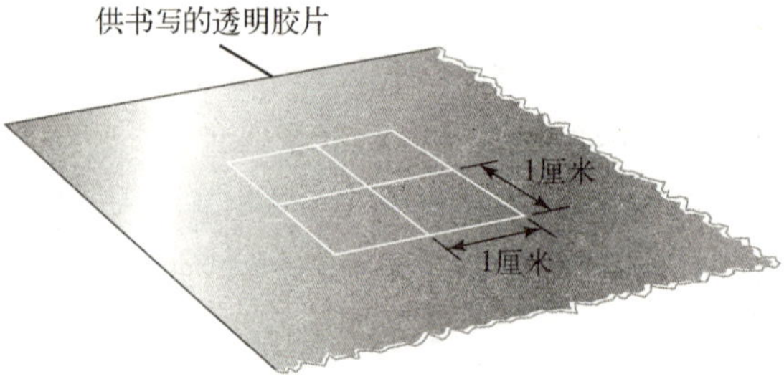

图 3

② 将“网格”放在培养皿下方(请勿打开培养皿的盖子)。

③ 数出每个网格方框内的带颜色的菌群数目,把方框 1、方框 2、方框 3 和方框 4 菌群的数量记录在数据表上的第二部分中。如果菌群位于两个方框的边界线上,它在哪个区域占的位置超过 1 /2,就将它归到哪里。

④ 当数完每个方框的细菌数目之后,移动“网格”,再次统计数目。随意选择位置,避免只选取菌群多的方框,以便得到科学的结果。把方框 5、方框 6、方框 7 和方框 8 中的菌群数量记录在数据表上。

⑤ 每个方框内的平均菌群数目,就是每平方厘米内的平均菌群数目,在数据表 1 的最下行记下平均值。

⑥ 每个培养皿的面积大约是 57.4 平方厘米,因此将菌群的平均值乘以 57.4,就能够估计整个培养皿中细菌菌群的数目。

4. 因为我们只用了 2.5 毫升水样,将菌群的数目(或菌群的平均数目)乘以 40,就能够得出 100 毫升水中含有多少个菌群的数量。

数 据 表 1

	蓝色/大肠杆菌	粉色/普通大肠菌群	无色/其他细菌
A. 简易统计法			
细菌的数量			
B. 网格计数法			
方框 1			
方框 2			
方框 3			
方框 4			
方框 5			
方框 6			
方框 7			
方框 8			
平均值			

5. 根据教师的要求，将漂白剂倒入每个培养皿内，清洗仪器。

分 析

1. 你在实验中检测了多少水？
2. 为什么培养皿需要被放置 24 小时？
3. 通过你的数目统计，菌群的总数（或者平均数）是：

① 每平方厘米内的大肠杆菌？

② 每平方厘米内的大肠菌群？

③ 每平方厘米内的其他细菌？

4. 本实验的目的是什么？
5. 如果测试你的水龙头流出来的水，会有什么结果？为什么？
6. 如果测试从厕所采样的水，会有什么结果？为什么？

实验中将会发生什么？

大肠细菌通过发酵乳糖供给能量。在发酵的过程中，乳糖被转化为能量、气体和酸。因为这些细菌具有分解糖分必需的酶，所以它们能够发酵。很多大肠菌群存在于水中和土壤中。这些“普通的”大肠菌群通过半乳糖苷酶，分解糖分。一种特殊的大肠菌群——大肠杆菌存在于动物的肠道内。除了半乳糖苷酶之外，大肠杆菌还产生葡萄糖醛酸酶。培养基中含有两种不同的基底，它们都可以通过与其中的一种酶反应，产生不同颜色的化合物。

水资源专家需要检查水源中的总大肠菌群与粪便大肠菌群数目是否达到安全标准。总大肠菌群指自然环境中存在的细菌，很多这样的细菌都并非来源于肠道。大多数时候，总大肠菌群的数目是粪便大肠菌群数目的 10 倍，数据表 2 展示了大肠菌群数目的安全标准。

数 据 表 2

大肠菌群数目标准(每 100 毫升水的菌群数目)	
饮用水	1 个总大肠菌群
游泳水	200 个粪便大肠菌群
划船水	1 000 个粪便大肠菌群

与现实生活的联系

淡水中最危险的病菌来源于人类和动物的粪便。通过牧场、化粪池的渗漏、废水处理处的泄漏等渠道，废水会流入水源之中。水中的病原体能够导致眼病。大肠杆菌 0157∶H7 能够导致疾病，它与食用未熟的牛肉的致病方式相同。感染的初级症状(大约感染后前 3 天)为腹泻、腹部痛性痉挛。并发症包括损伤红细胞和肾脏衰竭，被称为溶血性尿毒症综合征。尽管很多人能够痊愈，但这一病症也可能致命。

想要了解更多吗?

参见附录中“我们的发现”。

实验 2　环境污染物对水蚤的影响

题　目

水蚤对环境污染物非常敏感。

简　介

水蚤是一种居住在淡水和海水中的小型甲壳类生物。图 1 展示了一种水蚤。尽管肉眼就可以观察到这些微小的动物，但最佳的方式还是借助解剖显微镜观察。水蚤的全身几乎是透明的，我们可以看到它的内部器官，包括有节奏跳动的心脏。因为水蚤和跳蚤一样，在水中以痉挛一样的动作疾行，所以人们称它们为“水蚤”。事实上，这两种动物并没有密切的联系。

北美大约有 150 种水蚤，大多数属于食草动物，以单细胞的藻类为食。从地表水中采取的水样可能含有多达 20 种水蚤。这些微小的动物是生物链的重要组成部分——联系着光合作用的生物体和小鱼。生物学家将水蚤当作具有指示功能的生物，它的数量反映

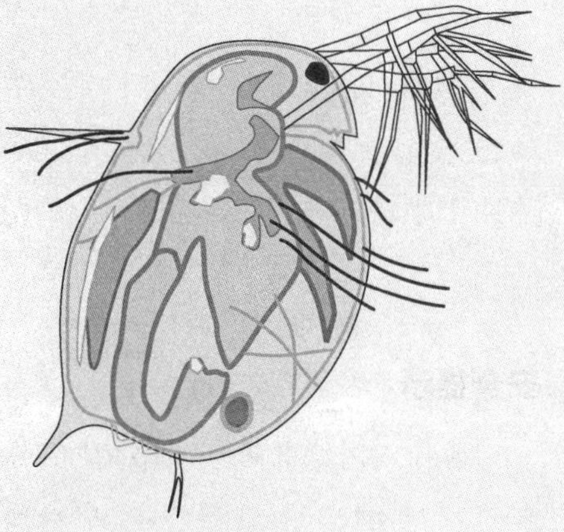

图 1　水　蚤

了环境情况。因为水蚤对污染非常敏感，即使程度很低的污染也会减少它们的数目。通过检测生态系统中水蚤的数目，科学家就能够掌握水的污染程度。在本实验中，我们需要将水蚤放置于不同污染程度的水中，检测它们的反应。

实验时间

第一天：55 分钟
后续几天：每天 20 分钟

实验材料

- 解剖显微镜
- 5 个培养皿
- 量筒
- 直径 5 毫米的吸液管
- 培养基中的水蚤
- 测试用 200 毫升被污染的水
- 100 毫升蒸馏水
- 蜡笔
- 有秒针的时钟
- 实验记录本
- 4 个小烧杯

安全提示

请仔细阅读并遵守本书的“实验前必读”中的“安全准则”。

实验步骤

第一天

1. 用吸液管从培养基中取出一只水蚤，置于培养皿内。将培养皿放在解剖显微镜下，观察水蚤的以下部位：

① 两条在水中向前推进的长触须，参见图 2 中的标记 1。

② 复眼，标记 2。

③ 用于获取食物的腿，标记 3。

④ 吸收营养物质的肠道，标记 4。

⑤ 孵化卵的育儿袋，标记 5。

⑥ 外壳，标记 6。

⑦ 心脏，标记 7。

⑧ 排泄未被消化物质的肛门，标记 8。

2. 利用码表，记录下水蚤 1 分钟内心跳的次数，记录在实验记录本上。

3. 将水蚤移回培养皿内。

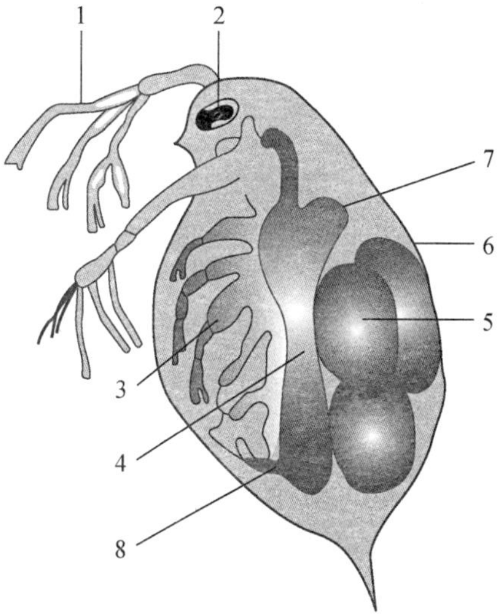

图 2　水蚤的解剖结构

4. 用蜡笔将培养皿分别标注为："10""30""60""90"和"控制"。

5. 供选择的含有潜在污染物的溶液有很多，我们可以选择其中的一种进行测试。

6. 稀释我们选择的溶液，以便观察不同浓度的污染物溶液对水蚤的影响。

① 10%：10 毫升带有潜在污染物的溶液和 90 毫升蒸馏水。

② 30%：30 毫升带有潜在污染物的溶液和 70 毫升蒸馏水。

③ 60%：60 毫升带有潜在污染物的溶液和 40 毫升蒸馏水。

④ 90%：90 毫升带有潜在污染物的溶液和 10 毫升蒸馏水。

7. 向标有"控制"的培养皿中倒入 100 毫升蒸馏水。

8. 向标有其他数字的培养皿中倒入相应的稀释溶液。

9. 用吸液管向每个培养皿中放入同等数量的水蚤，以每个培养皿 8—12 个为宜。尽量选择幼年的(小的)水蚤，在数据表的"开始"一栏中记录下每个培养皿中水蚤的数量。

10. 1小时后(下课之前),统计每个培养皿内存活的水蚤的数目。请注意水蚤是甲壳类动物,它们在成长的过程中会蜕壳,不要把蜕下的壳也当作水蚤统计。蜕下的壳与水蚤很像,但它们只是外壳而已。

11. 用吸液管移走死去的水蚤和水蚤蜕下的壳。

12. 将培养皿置于安静的地点,下节课再来检验。

后续几天

1. 再观察水蚤2天,也就是共用3天时间观察水蚤,或者是一直到全部水蚤死亡为止。观察水蚤的同时,在数据表中记录下存活的水蚤的数目。如果想多观察水蚤几天,可附加数据表。在实验过程中,请勿为水蚤提供食物。

2. 根据教师的要求,处理最后存活的水蚤。

分 析

1. 在实验步骤1中,你所观察的水蚤每分钟心跳多少次?
2. 在实验中,你测试的潜在的污染物是什么?
3. 不同浓度的污染物溶液对水蚤存活的影响有什么不同?
4. 如果所有的水蚤都消失了,池塘的食物链会有怎样的变化?解释你的回答。
5. 为什么说水蚤是自然环境中具有指示功能的物种?

数 据 表

	存活的水蚤数目			
	开 始	1小时后	第2天	第3天
10%的溶液				
30%的溶液				
60%的溶液				
90%的溶液				
控 制				

实验中将会发生什么?

水蚤对于环境的改变非常敏感。水蚤数目的减少意味着水样中存在着污染物质。对于科学家来说,水蚤数目的变化就是这一生态圈中其他生物可能存在危险的警示。而氮气、磷化合物等污染可能导致水蚤数目的上升,它们为水蚤生长所需的藻类提供营养物质。水蚤以藻类为食,因此它们的营养物质——藻类含量较低倒是更好。如果藻类物质含量太高,则可能引发环境问题。

与现实生活的联系

影响生态系统中的生物污染有两种:点源污染和非点源污染。点源污染起因于河流或溪流中某点存在的废水。点源污染大多存在于城市。非点源污染起因于来自各种污染源的废水。在农村,雨水丰沛或河流涨势高的季节中,非点源污染很容易达到有毒级别。

一些有助于保护环境的化学物质可能对于生物有潜在的负面影响。在一些地区,野火被视作非常严重的环境问题。消防员有时会使用喷洒防火剂的方式减缓野火的蔓延。少量的防火剂可能不会对生态系统构成影响,但当雨季到来,雨水将地表的防火剂冲入水路的时候,湿地中水蚤和其他生物的数量就会急剧减少。

想要了解更多吗?

参见附录中“我们的发现”。

实验3　入侵物种的密度

题　目

监测入侵物种的密度是一种根除破坏生态系统物种的方法。

简　介

图1　蒜　芥

入侵物种指外来的、非本生态系统中的物种。入侵物种也被称作外来入侵物种、外来者、非本地生物体等。入侵物种可能是细菌、真菌、植物或动物。尽管一些入侵物种带来的影响很小，但大多数入侵物种都能给生态系统造成巨大影响，因为它们会替代其他生物或改变自然栖息地。

为了监测入侵物种在某地蔓延的速度，科学家需要定期检测某一特定区域的外来物种的密度或数量。科学家通过统计整个研究区域的植物数目来计算入侵物种的数量，但这却存在技术和时间上的限制。因此，他们采取更便利的方式：利用某一小的区域（象限）中的植物来代表全部研究区域。对于面积为100平方米的区域来说，象限研究面积大约是 1 平方米。如果这一区域植物密度大，则可以选取更小的象限。同理，对于植物密度小的区域，应当选取稍大些的象限。

数以千计的入侵物种已经进入了新的生态系统，图 1 展示了入侵美国大多数地区的低矮草本植物——蒜芥(蒜味芥)。这是少数能够入侵落叶林并且繁茂生长的植物之一。在每个州阳光充足的地带，我们都能发现臭椿(椿树)的身影，它们甚至能够存活于白灰与混凝土中。在美国的东部和中西部，藤本植物日本金银花(忍冬山茶)的存在是个大麻烦。在本实验中，我们将统计身边一种或多种入侵物种的密度。

实验时间

90 分钟

实验材料

- 2 根米尺
- 2 根 1 米多长的绳子
- 有关植物识别的书籍
- 户外场所
- 实验记录本

安全提示

请仔细阅读并遵守本书的“实验前必读”中的“安全准则”。

实验步骤

1. 和同伴一起，将一条绳子绑在 2 个米尺的两端。接着将另一条绳子绑在

2 个米尺的另外两端，使其构成一个正方形。我们用这个正方形来测量研究区域内的象限(参见图 2)。

图 2　用于测量象限的正方形

2. 跟老师一同来到事前确定好的采样区域。

3. 为了选取观察区域，我们需要先任意选择 0—99 之间的一个数字，然后向采样区域的一边步行相应的步数。任意选择 0—99 之间的另一个数字，然后向采样区域的中心步行相应的步数。这之后站立的位置就是我们需要观察的第一个象限的中心。记录下这个中心位置，然后“正方形”就呈现在地面上了。

4. 检查象限中植物的种类，在数据表的第一栏上记录下这些植物的名称。如果不知道植物的名称，就采集一段茎带回课堂，通过查找植物识别书籍或问老师的方式得到答案。

5. 在这一象限内统计每类植物茎的数目，以便发现象限 1 中每个物种的密度。将你的发现填到数据表的“象限 1”这一栏。可根据需要增加数据表。

数　据　表

物种名称	象限 1	象限 2	象限 3

续 表

物种名称	象限 1	象限 2	象限 3

6. 在第二个象限中重复进行实验步骤 3—5，并将结果填到“象限 2”的相应位置。

7. 在第三个象限中重复进行实验步骤 3—5，并将结果填到“象限 3”的相应位置。

8. 使用下列公式计算整个采样区域内每类植物的密度：

$$物种平均密度=\frac{[(象限 1 内数目)+(象限 2 内数目)+(象限 3 内数目)]}{象限内的植物总量}$$

分 析

1. 入侵物种是什么？
2. 为什么入侵物种会破坏生态系统？
3. 为什么科学家需要知道每年生态系统中入侵物种的平均密度？
4. 根据你的实验发现，在这片区域中，你认为自己计算出的每类植物的平均密度精确吗？为什么是或为什么不？
5. 怎样才能得到更精确的物种平均密度？
6. 根据你的实验发现，比较入侵物种的密度和原有物种的密度。

实验中将会发生什么？

入侵物种对于经济和生态都有影响。入侵某一生态系统的物种并不属于这一系统，系统中很可能没有能够控制它们数量的食肉动物或寄生虫，因此这些物种会繁殖得非常快。它们短期内就能够支配栖息地，并且取代原有物种，这就破坏了生态系统中的生物多样性，也可能导致一些物种的灭绝。

与现实生活的联系

入侵物种已经侵略了世界的各个区域，有些是被有目的地引入某些栖息地，而另一些则是偶然事件。图 3 中展示的是鳄鱼草（水花生）——一种南美植物。驶入美国的船只携带它到来，此后这种植物迅速繁殖，成为美国东南部水路的一个重大问题。鳄鱼草很容易扎根，并在水面形成厚厚的、能漂浮的叶子。这些叶子阻碍了水沟、运河等很多水路的排水。当叶子与根分离的时候，它们堆积在河湾或桥下，阻碍航行。它们的叶子还会阻碍垂钓、游泳并为蚊子提供了繁殖场所。在河道中，鳄鱼草轻易地取代了原有植物，还阻隔了深水植物所需要的阳光，使深水植物大批死亡。死亡的鳄鱼草叶子沉入水底，为吸收氧气的细菌提供养分，水域内的氧气就会在短时间内大大减少。可移动栖息地的动物会离开这片地区，而移动较慢或难以移动的动物就会死亡。

图 3　鳄鱼草

想要了解更多吗？

参见附录中“我们的发现”。

实验4　植物在灰水和自来水中长势相同吗？

题　目

灰水能够被回收并用于灌溉植物。

简　介

节约用水的重要性与日俱增，除冲洗厕所水和洗碗水之外的家居废水

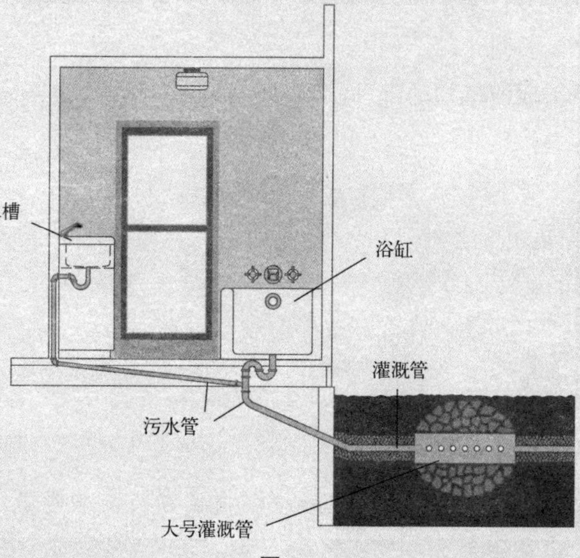

图1

被称为灰水。冲洗厕所水和洗碗水中的氮和细菌含量超标，因此被称为黑水。灰水包括洗澡水、水池水和洗衣水。尽管灰水中可能含有少量的头发、油脂、食物颗粒和其他物质，它们对健康并没有危害。灰水和黑水通常都会成为污水——居民排放的废水以及其中的固体污染物。污水通常会被引到化粪池或专门处理污水的植物处。植物能够将固体物质从污水中分离出来并杀死细菌，被处理的污水会回到水路中或流入海洋。一些家庭利用灰水来浇灌植物(参见图 1)。在本实验中，我们将检验并比较植物在灰水中和自来水中的长势。

实验时间

第一天：55 分钟

后续几天：每天 20 分钟

实验材料

- 每组约 3.8 升自来水
- 每组约 3.8 升灰水
- 20 粒种子(任何植物的都可以)
- 20 个小盆
- 盆栽土
- 尺
- 三杆式天平或电子秤
- 实验记录本

安全提示

在接触过灰水后用杀菌肥皂洗手。请仔细阅读并遵守本书的“实验前必读”中的“安全准则”。

实验步骤

1. 设计并进行一个实验，来比较灰水中与自来水中的植物长势。

2. 你可以使用教师提供的任何材料，但是不必使用所有的材料。

3. 实验前，准确决定自己要做什么。在数据表上写出你计划采取的步骤（实验步骤）和计划使用的实验材料（材料单）。把你的实验步骤和材料单给教师看。如果得到教师的批准，继续你的实验；如果得不到教师的批准，修改你的实验，并再次出示给教师看。

4. 要牢记几点：

① 只能检测一个变量，而不是多个。在实验中，变量是浇灌植物的水的类型，控制其他因素不变，例如温度、容器大小和光照强弱等。

② 决定你测量或考量植物成长的方式。你可以测量植物的高度、植物茎的直径或植物的大小。

5. 老师认可实验之后，就抓紧时间收集材料并开始实验。

6. 在自己设计的实验数据表中记录下相关实验结果。

分　析

1. 灰水是什么？

2. 本实验的目的是什么？

3. 为什么实验中需要控制所有的变量（除了正在被测试的那个）？

4. 解释你怎样控制温度变量。

5. 根据你的实验结果，灰水中的植物和自来水中的植物哪个长得好？

实验中将会发生什么？

灰水对于户内和户外的植物都是极好的资源。被灰水浇灌的植物与被其他水浇灌的植物长势一样好。使用灰水不仅可以保护环境，还可以在经济方面为植物的主人和整个社区带来利益。通过循环用水，对于地表水和地下含水土层的需求减弱，居民也不必另外付钱浇灌灌木林和草地了。灰水不宜用于浇灌可食植物，如生菜和胡萝卜，但对于观赏植物来说却是理想的选择。

数　据　表

实验步骤	
材料单	
教师批准	

灰水可以被直接用于浇灌户外植物，或通过含有沙子、鹅卵石和其他材料(参见图 2)的过滤器过滤后再浇灌户外植物。在更复杂的灌溉系统中，人们把灰水注入收集槽以备未来使用。在收集槽中，灰水会流过一块带有氯气的屏，这

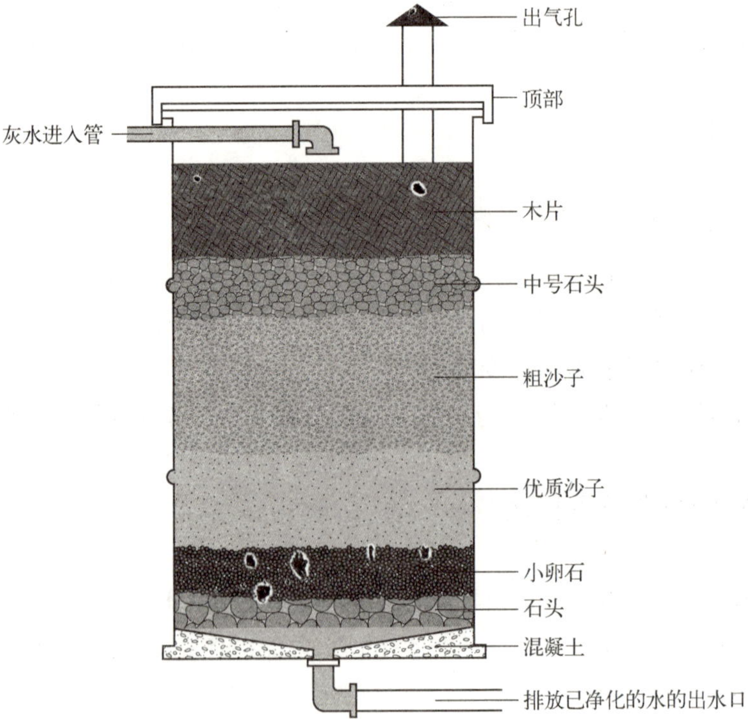

图 2

可以帮助杀菌。一旦灰水浇灌到植物中，它的一部分被用作植物的新陈代谢，另一部分蒸发到空气中，还有一部分透过土壤来补充地下含水层。

与现实生活的联系

准备用灰水进行浇灌的家庭可根据以下步骤计算产出灰水的数量：

1. 计算家中居住者的数目，第一个卧室算作两位居住者，之后每增加一个卧室多加一位居住者。

2. 每位居住者每天产出的灰水量按 151.42 升/天计算。

3. 根据居住者数量进行乘法运算，得出最终的灰水产出数量。

想要了解更多吗？

参见附录中“我们的发现”。

实验 5　制造并使用浑浊度测试管

题　目

用简易的材料制作浑浊度测试管，并测量当地水域的纯净度。

简　介

水的浑浊程度是水质的重要指标。因为附近田地、建筑工地、岸边的侵蚀物、工业排水和单细胞藻类的过度繁殖，都可能使地表水变得浑浊。所有的水路都需要保持正常的浑浊度，使生物能够正常的生存繁衍。如果水的浑浊度上升，生物可能会无法存活。

浑浊度可通过不同设备测量，并通过浊度单位表示：NTUs。浊度单位反映了水层对于光线的散射能力。例如，浊度为 10 NTUs 的水面非常的洁净，具有高达 54.6 厘米的可见度。非常浑浊的水浊度可能为 240 NTUs，可见度只有 6.35 厘米。图 1 展示了浊度为小于 10 NTUs、200 NTUs 和

浊度等于200 NTUs　　浊度小于10 NTUs　　浊度等于1 500 NTUs

图 1

1 500 NTUs 的水的可见度。浑浊度高的水对水中生物有负面影响，鱼类的产卵和孵化率会下降，最终导致鱼死亡。

水生动植物依赖溶解氧生存。溶解氧的浓度取决于下列因素：温度、光合作用速率、波浪作用、细菌用作分解死亡生物体使用的氧气的多少和浑浊度。浑浊的水会阻碍光的渗透，这就影响了光合作用。此外，浑浊的水中的悬浮颗粒会吸收太阳光的热量，这也会降低溶解氧的含量(温暖的水能够储存更多的氧气)。在本实验中，你将制作一个浑浊度测试管(参见图 2)，并且用它来测试水的浑浊度。

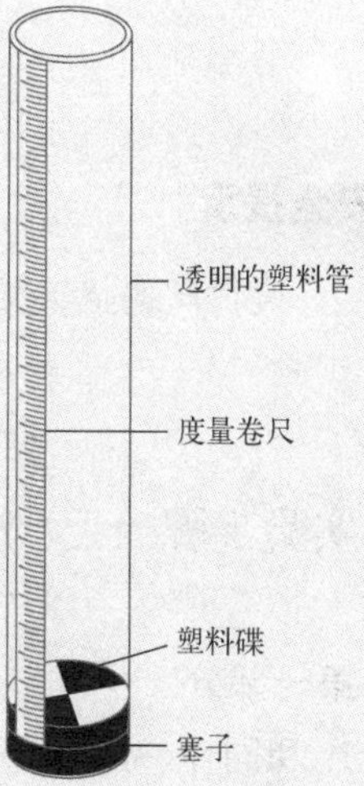

图 2

实验时间

第一部分：55 分钟
第二部分：55 分钟

实验材料

- 透明的塑料管或荧光灯筒套(长约 122 厘米，直径约 4.5 厘米)
- 2 个橡皮圈
- 橡胶塞子(大小与塑料管相称)
- 白色塑料牛奶罐
- 黑色水性笔
- 剪刀
- 卷尺
- 强力胶水
- 收集瓶(容积大约 1 升)
- 水样或一桶浑浊水

● 实验记录本

安全提示

请仔细阅读并遵守本书“实验前必读”中的“安全准则”。

实验步骤

第一部分

1. 和同伴一起，切开牛奶罐的一边，得到一片平滑的塑料。

2. 将透明的塑料管竖立在牛奶罐的塑料上，用黑色签字笔根据塑料管外形画一个圈。

3. 用剪刀沿这个圈剪下来，再剪掉最外一圈以便减小直径，得到一个能够塞进透明的塑料管中的塑料片。

4. 在塑料片上画出 4 等分，将相对的两块涂成黑色(参见图 3)。

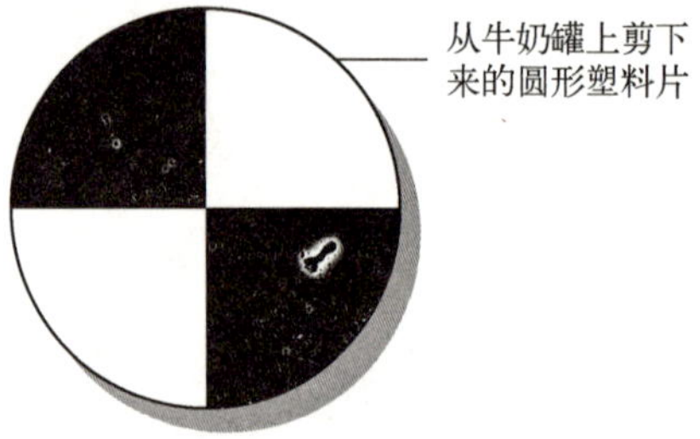

图 3

5. 利用强力胶水把圆形塑料片的底部与塑料管塞子紧紧粘贴。

6. 将橡胶塞子塞到塑料管的一端。

7. 用两个橡皮圈将卷尺固定在塑料管的外面，使卷尺的 0 刻度与黑白塑料片对齐。

8. 在黑白塑料片往上 6.7 厘米的位置处做个记号，并用黑色水性笔在这里标注 240 NTUs。

9. 数据表中展示了测试管和浊度单位之间的换算。利用卷尺和数据表继续在塑料管上做标注。

数 据 表

厘　米	浊度单位
6.7	240
7.3	200
8.9	150
11.5	100
17.9	50
20.4	40
25.5	30
33.1	21
35.6	19
38.2	17
40.7	15
43.4	14
45.8	13
48.3	12
50.9	11
53.4	10
85.4	5

10. 在塑料管的顶端留出几厘米的空白,不做标注。

第二部分

1. 将浑浊度测试管插入水中,注意不要搅动水或将测试管插到沉积物中。

2. 保持浑浊度测试管直立。你站在测试管和太阳之间,使测试管位于你的阴影之中。

3. 从上方直视测试管(参见图 4)。

4. 请你的同伴仔细地把收集瓶中的水倒入浑浊度测试管,缓缓倾倒以免出现气泡。如果气泡出现,等它消失后再继续倾倒。

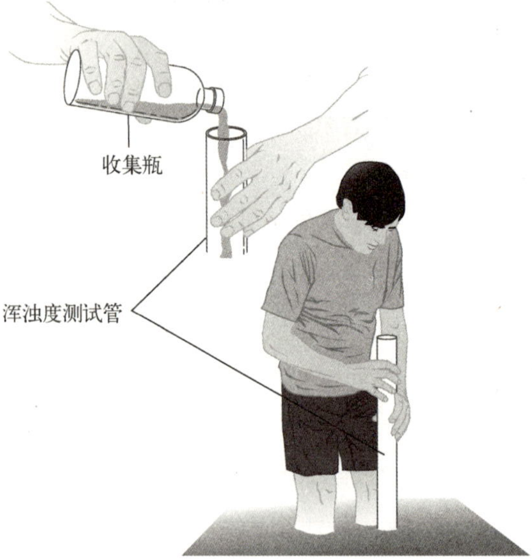

图 4

5. 当看不见浑浊度测试管中的圆形塑料片时，迅速地停止倾倒。

6. 从侧面观察读出数值，并记录在实验记录本上。

7. 倒空浑浊度测试管，重复实验步骤 1—6，和你的同伴交换位置。

8. 记录下你的同伴测出的数值。

分　析

1. 浑浊度是什么？

2. 浑浊度测试管底部的黑白圆形塑料片有什么作用？

3. 为什么浑浊度测试管一定要完全透明？

4. 为什么科学家每隔一段时间要测量水域的浑浊度？

5. 你的同伴和你测量同一片水样的浑浊度时，得出的数据一样吗？请解释原因。

实验中将会发生什么？

浑浊度测试管是一种能够显示水中光的散射能力和浑浊度之间相关性的设

备。通过使用浑浊度测试管，观察者能够观察水样中的记号一直到它消失的瞬间。浑浊度测试管中遮盖住标记的不同的水样高度与浊度值相关。对于田野实验来说，用浑浊度测试管测试水样有效且经济实惠。当浑浊度测试管的读数由3人或3人以上进行时，数据最精确。没有任何两个观察者会得出同样的数据，因此个人的读数远远不够。

与现实生活的联系

雨后，很多河流和溪流的浑浊度都会上升，本土物种的鱼能够适应水的短期变化。然而，近年来，水域的浑浊度呈现长期的上升趋势，这主要是陆地使用的变化造成的。因为岸边植被的变化，更多的土壤和泥沙进入了水路，并构成了侵蚀。浑浊度高的水会带来各种各样的问题。饮用水的浊度必须低于5 NTUs。浊度超过10 NTUs的水含氧量会减少，使生物难以存活。鲑鱼等鱼类的生存要求低浑浊度、高含氧量的水。

为了防止水的浑浊度提升引发的问题，一些机构禁止水域附近的工程建设，通过保持水域附近的自然土壤环境来减少水土流失。自然的水域生态系统还有很多其他优点。邻近水路的地区支持维护原生态的社区。此外，这里就像是个天然的保护水源不受污染和泥沙侵害的生物过滤器。

想要了解更多吗?

参见附录中“我们的发现”。

实验6　人们扔掉了什么？

题　目

分析居民的垃圾可以帮助我们研发更好的废物回收项目。

简　介

无论我们把它们称作垃圾、废物还是城市固体垃圾(MSW)，人们每年都会扔掉无数吨这类东西。美国人们将垃圾运到了垃圾填埋场，但这并不能彻底摆脱垃圾，而是让它们以极慢的速度分解。因此，垃圾填埋场只是一个让垃圾远离视线的地方。美国每年大约80%的垃圾都被运往垃圾填埋场，如图1所示。很多垃圾填埋场都位于不恰当的地点。

图1　垃圾填埋场

低费策略可能是更好地利用资源的方式，它的优势主要体现在以下两点：它能够重复利用资源而非抛弃资源，以便减少污染；它能够节约本将用来研发新项目的能源。回收是低费能源重点。近年来，城市垃圾的重复利用率只有 13%，怎样才能提高这一数字呢?

在增进回收意识之前，我们首先需要了解垃圾桶里都有什么。分析居民的垃圾可以帮助我们研发更好的废物回收计划，帮助人们了解回收的重要性。在本实验中，你将分析在 24 小时内几家居民扔掉的垃圾。

实验时间

第一天：24 小时
第二天：40 分钟

实验材料

- 白板或投影仪
- 计算器(可选)
- 实验记录本

安全提示

请仔细阅读并遵守本书“实验前必读”中的“安全准则”。

实验步骤

第一天

1. 组织一个调查，调查在过去 24 小时内，你家庭的每位成员都扔掉了哪些垃圾。

2. 根据每位家庭成员扔掉的垃圾，让他们在数据表 1 中的各项垃圾后面相应做一个记号。注意表中的塑料制品分成了三类，聚酯、高密度聚乙烯和其他。PET 和 HDPE 是塑料制品底部标注的回收记号，任何没有记号的其他塑料都应被归到“其他”类别中。

数据表 1

垃圾种类	垃圾数目
纸、纸壳、报纸	
聚酯塑料	
高密度聚乙烯塑料	
其他塑料	
铝	
锡或钢制容器	
其他金属	
透明玻璃	
绿色玻璃	
褐色玻璃	
食物	
木材	

第二天

1. 将你调查得出的结果和同学的结果共同填到班级的数据表中(如数据表 1)，或放映到幻灯片上。

2. 统计全班同学的结果，利用你家人给出的数据和同学们的数据回答以下问题。

分　析

1. 计算你家中的：

① 全部的塑料制品

② 全部的玻璃制品

③ 全部的金属制品

2. 列出你家中扔掉的可被回收的垃圾（记住纸张、玻璃、金属、聚酯塑料和高密度聚乙烯塑料可以被回收）。

3. 检查你同学的实验结果，计算全班同学的下列垃圾类别所占百分率：

① 所有的纸张

② 所有的塑料制品

③ 所有的玻璃制品

④ 所有的金属（包括铝、锡或钢制容器和其他金属）

⑤ 所有的食物

⑥ 所有的木材

为了计算每种垃圾所占的百分率，首先确定数据表中所有项目的总数，然后运用下列的公式计算：

$$\text{每种垃圾的百分率}=\frac{\text{一种类型垃圾的数量}}{\text{所有垃圾的数量}}\times 100\%$$

例如，假设你、你的同学和他们的家人共扔掉了 1 000 份垃圾，其中 100 份是纸张类。为了计算纸张在垃圾中的百分率，你的算式应该为：

$$\text{纸张的百分率}=\frac{100}{1\,000}\times 100\%$$

$$\text{纸张的百分率}=10\%$$

4. 在全班同学的数据表中统计可回收垃圾的数目，并计算可回收垃圾的百分率。

5. 如果一个人每天扔掉了 1.81 千克垃圾，那么 4 周内他会扔掉多少垃圾？1 年呢？

实验中将会发生什么？

人们扔掉的都是什么？全美国范围内，人们平均扔掉的垃圾总数在图 2 中有清晰的展示。

根据美国环境保护协会（Environmental Protection Agency）统计，每天每人平均扔掉 1.8 千克的固体垃圾。

减少垃圾的一个最有效的办法就是回收。回收在很多方面都有助于环保。

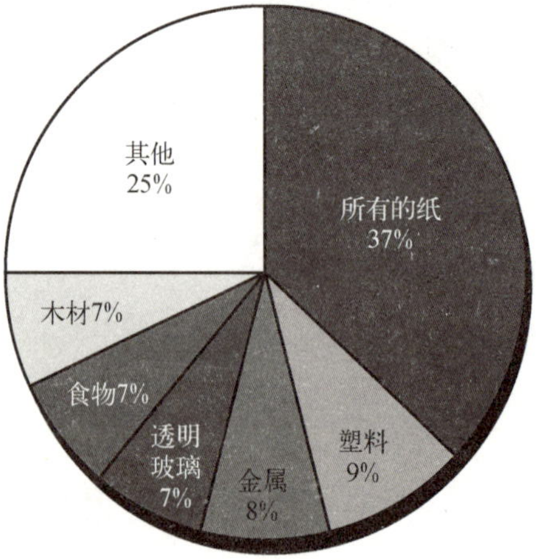

图 2　扔掉的垃圾

通过回收材料，我们节约了原材料，使这些原材料有了其他方面的运用，并且产出了更多的产品。回收也能够减少温室气体，节约垃圾填埋场的面积，并且减少原材料的开采。

与现实生活的联系

垃圾车中最多的垃圾就是纸张。每 45 千克垃圾中就有 16.7 千克纸张。丢弃的纸张中包括报纸、纸壳和纸尿布。人们砍伐树木，将其移动、切碎、进行化学反应，最后只剩下木质纤维，制成纸张。人们对纸张首先进行漂白，之后用黏土和黏合剂进行抛光，最终使其形成富有光泽的成品。所有的这些步骤都涉及能量的消耗和矿物的燃烧。相比于直接使用树木生产纸张，通过可回收的材料生产纸张可以节约 40%的能量。

玻璃回收必须按照颜色进行分类。所有回收的物质中玻璃只占不到 10%。然而，回收玻璃的繁琐过程是值得的，因为回收 2 个玻璃瓶就可以节约出烧开 5 杯水的能量。在玻璃按照颜色被分类后，它们被碾成碎玻璃，加入硅石、沙子、碳酸钠和石灰岩，之后重新被塑造成玻璃容器、冷却、并运送到厂商处(参见图 3)。

塑料必须根据种类进行回收。最常见的两类可回收的塑料制品为聚酯(PET)和高密度乙烯(HDPE)。饮料瓶、水瓶和很多装食物的容器都是由聚酯做成的。高密聚乙烯多数用于制造牛奶、果汁、化妆品和清洁剂的外包装。

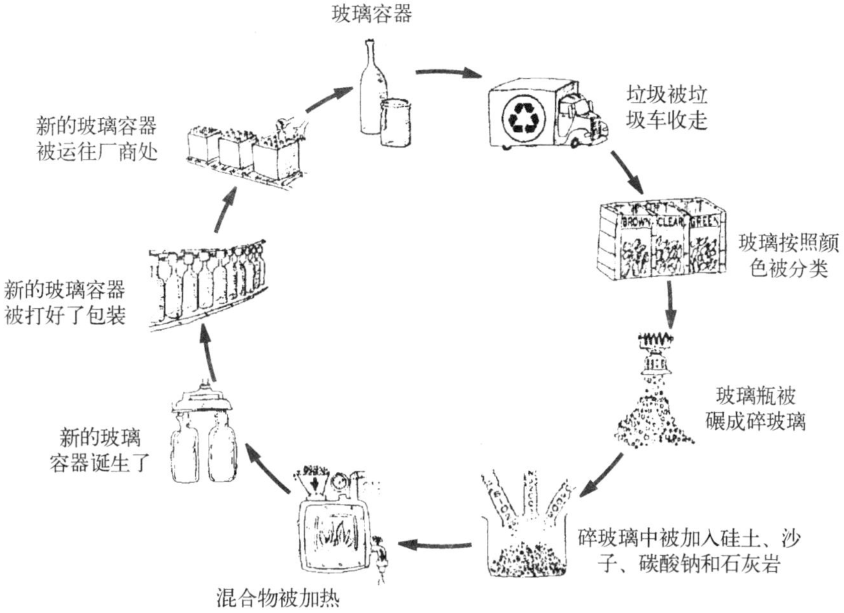

图 3　玻璃容器的生命

金属是常见的回收物质，因为它们能够带来经济上的回报。美国人每天会使用大约 2 亿个铝罐。就像很多其他自然资源一样，在自然界中，铝并不是独立存在的，它作为氧化物存在于矿石之中。为了将铝从矿石中提炼出来，人们需要在高能量的熔炉里对其加热。这一过程需要消耗大量的能量，因此循环利用铝能够大大地节约能量。相比于从矿石中提炼出铝再加工成铝罐，二次加工的铝罐只需要它的 4%的能量。循环利用一个铝罐，我们就可以节约与一杯汽油一样多的能量。

想要了解更多吗?

参见附录中“我们的发现”。

实验7 太阳能

题目

用电压表和毫安表来测量太阳能。

简介

没有了电，我们的生活会是什么样子？现代社会依靠电能取暖、照明、上网、运行冰箱和烤炉。大多数的电来源于燃烧像煤和石油这两种不可再生的化石燃料。用这些化石燃料发电释放出危险的空气污染物，包括二氧化碳、氧化硫和氧化氮。二氧化碳引起全球变暖，氧化硫和氧化氮则会形成酸雨。

而一种更干净、更有效的能量来源一直存在：它就是太阳。太阳距离我们地球大约有1.49亿千米远，太阳能够满足我们所有的能量需求。事实上，地球每分钟从太阳获得的能量能够为每个家庭和商业提供一年的能源。我们需要做的就是开发利用这种能源的经济、有效的方法。

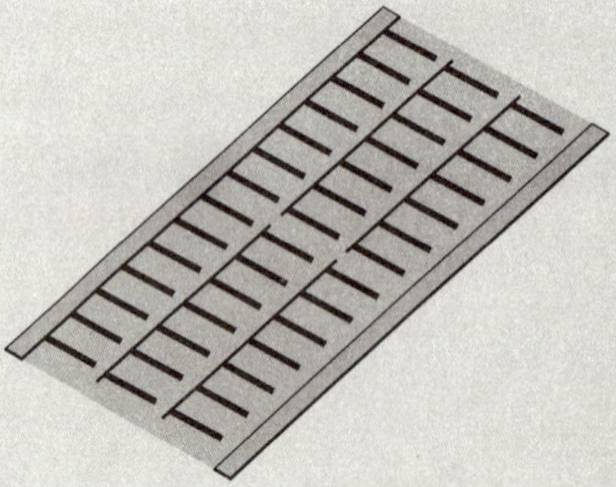

图1 太阳能电池

获得太阳能的一种方法是把太阳能转化成太阳能电池形式的电(参见图1)。当光照到太阳能电池内的化合物时，一些能量被吸收，一些被反射回去，一些被穿过。被吸收的能量能够使化学物中的电子从化学键中释放出来。被释放的电子产生的空缺供其他电子进入，电子的这种运动叫作电流。太阳能电池产生直流电，像电池的电流一样，电能只朝着一个方向流动。太阳能电池产生的电能量取决于电池的大小和数量，还有太阳光的亮度。电能用下面的方程式计算：

$$P = V \times I$$

P 代表用瓦数计算的能量；V 代表电压；I 代表用安培计算的电流量。在这个实验中，你将建造一个电路。电路包括一个太阳能电池、一个直流电动机、一个以毫安为单位计算电流的毫安表和一个测量电压的电压表。

实验时间

55 分钟

实验材料

- 太阳能电池（1.5 伏或更大）
- 直流电动机
- 毫安表
- 电压表
- 6 根两端有弹簧夹的铅丝
- 小块遮蔽胶带
- 索引卡
- 实验记录本

安全提示

小心用电。请仔细阅读并遵守本书“实验前必读”中的“安全准则”。

实验步骤

1. 建立一个电路，如图 2 所示。

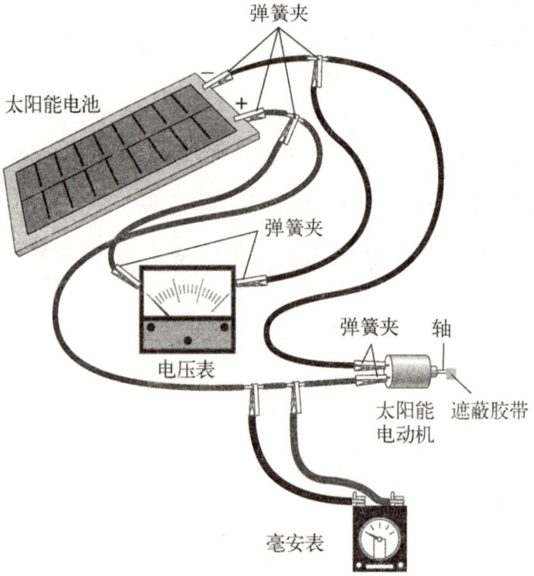

图 2

2. 在直流太阳能电动机轴上贴上一小块遮蔽胶带，这样容易观察轴的旋转。

3. 把太阳能电池暴露于直射的阳光下，观察电压表，并在实验记录本上记录下流过电路的电压。

4. 观察毫安表，并记录下以毫安为单位计算的电流。把毫安转变为安培，并把结果记录在实验记录本上。记住：1 安培＝1 000 毫安。

5. 数出直流太阳能电动机轴 15 秒钟内转动的次数，并把这一数字记录在实验记录本上。

6. 用索引卡覆盖住一半太阳能电池。

7. 重复实验步骤 3—5。

分　析

1. 用下列方程式计算太阳能电池的电能输出量：

$$P = V \times I$$

在计算过程中，使用实验第一部分中所记录下的电压和安培量。

2. 使用同一方程式计算一半太阳能电池的电能输出量。

3. 当一半太阳能电池被覆盖时，解释直流太阳能电动机的转数是如何变化的。是什么造成的这一变化？

4. 你能否建立一个能产生更多电能的电路？

5. 建议一些更好使用太阳能电池的方法。

6. 太阳能有什么益处？

7. 提出使用太阳能电池的一些缺点或问题。

实验中将会发生什么？

在本实验中，太阳能电池是电能的来源，使用电的部分电路是直流太阳能电动机。毫安表测量流过电路的电流，电压表测量通过太阳能电池的电压。这些测量使你能够计算出太阳能电池的电能输出量。

当明亮的阳光直射到太阳能电池上的时候，太阳能电池会产生最大的输出量。太阳能最大的输出量是从上午 9 点钟到下午 3 点钟发生。任何减少太阳能的事物都会降低电路的电能输出量。云雾遮盖、烟雾、雾和其他天气状况，还有树荫和高楼都会干扰太阳能电池的效果。为了提高电能输出量，数十个太阳能电池组装在玻璃房里，形成太阳能电池组件。

与现实生活的联系

法国科学家亚历山大·爱得蒙·贝克勒尔（Alexandre-Edmond Becquerel）（1820—1891）在 1839 年有一个惊人的发现——他发现了当阳光照射到一些材料时，它们会发电。这种光电效果使人们联想到使用这些材料来发电。在 20 世纪 50 年代，在贝尔实验室工作的科学家使用硅化合物来制作太阳能电池，这种太阳能电池把光照射获得能量的 4%转变成电。从那时开始，科学家们一直致力于使太阳能电池效率更高、使太阳能电池成本更有效的研究。

太阳能电池产生直流电，所以它们需要一种把电转变成交流电的装置。在交流电路中，每秒钟大约 50—60 次电逆转其流动的方向。我们的学校和家庭都是交流电供电。目前，使用太阳能电池为无法连接电网的偏远地区供电，但可使用在轨道卫星、紧急电话、导航浮标、广告牌和路灯上。科学家希望开发出能为家庭、汽车和工业供电的太阳能电池。

想要了解更多吗？

参见附录中的“我们的发现”。

实验 8　重复使用水瓶的安全性

题　目

重复使用的水瓶可能藏匿细菌。

简　介

像所有的生物一样，人类必须依靠水来生存。水这个化合物很重要。人体大约 60%是由水构成的，人体要通过水这个媒介发生生化反应。代谢过程所消耗的水分必须补充回来。那么，每天你应该饮用多少水？对这个问题没有简单的答案，一些专家推荐男人每天喝 13 杯(大约 3 升)水，女人喝 9 杯(2.2 升)水。

一整天得到水喝的方便办法是携带水瓶。这些携带方便的容器可以放在背包、皮包和手提包里。因为大多数人每天饮用不止 1 瓶水，许多人用瓶子装饮水机中的水或者自来水来饮用。一些人是为了省钱，而另一些人则是为了减少塑料进入垃圾填埋场的数量。无论出于什么原因，重复使用水瓶都很常见。不经过清洗而重复使用水瓶引发一个问题：饮用重复使用水瓶中的水安全吗？为了找出答案，你将用棉签从新水瓶和旧水瓶中取下化验标本，每个棉签平展在无菌的琼脂培养基平板(一种像明胶一样的含有养分培养基的材料)上来检测细菌。

实验时间

第一部分：20 分钟
第二部分：30 分钟
第三部分：30 分钟

实验材料

- 4 个带有琼脂培养基平板的培养皿
- 4 根无菌的棉签
- 4 瓶水(同一品牌)
- 恒温器
- 3 名志愿者
- 喷雾瓶装的外用酒精
- 装有稀释的漂白剂的小烧杯
- 纸巾
- 抗菌肥皂
- 记号笔
- 漂白剂
- 实验记录本

安全提示

在使用完棉签和培养皿后用抗菌肥皂洗手。小心使用漂白剂，不要使它接触到你的皮肤。戴上手套和保护镜或护目镜。请仔细阅读并遵守本书“实验前必读”中的“安全准则”。

实验步骤

第一部分

1. 实验前 4 天，找到 3 名愿意连续 3 天不清洗水瓶并使用它喝水的志愿者（从你的学校里、邻里或者家里）。在你的实验记录本上记录下志愿者的姓名。

2. 在水瓶上写下每个志愿者的姓名。让每个志愿者：

① 喝瓶子里的水。

② 在接下来的 3 天，在不清洗瓶子的前提下，每天至少 3 次向水瓶里装水，并喝掉这些水。

③ 在第四天把这些水瓶返还给你。

第二部分

1. 用抗菌肥皂或者清洁剂清洗实验台或者其他工作台，并用纸巾擦干。

2. 用酒精轻轻擦拭工作台，然后晾干。

3. 清洗双手并晾干，然后用酒精擦拭。

4. 把从 3 名志愿者手中收集的 3 个水瓶放在工作台上。把同一品牌的一瓶新的、未打开的水也放在工作台上。

5. 把 4 个培养皿放在工作台上。

6. 打开一个使用过的水瓶，把瓶盖放在工作台上。打开无菌的棉签上的塑料包。移动棉签（不要触碰到棉头），环绕水瓶的瓶口转动棉签的棉头。

7. 打开一个培养皿的盖子，一只手握住这个盖子，在琼脂培养基平板上轻轻地交错划擦棉签（参见图 1）。更换这个盖子。

8. 把棉签浸入稀释的漂白剂中，然后根据教师的指导处理它。

9. 在培养皿上贴上水瓶上的那个姓名。

10. 对其他 2 个水瓶重复实验步骤 5—9。

11. 把培养皿翻转过来，持续 24—48 小时在 37℃的恒温箱里培育细菌。

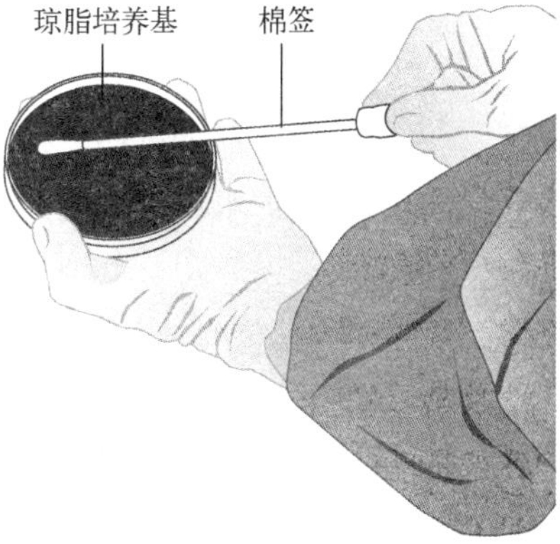

图 1

第三部分

1. 从恒温箱里移出培养皿。菌群在琼脂培养基上显示为点（参见图 2）。不要

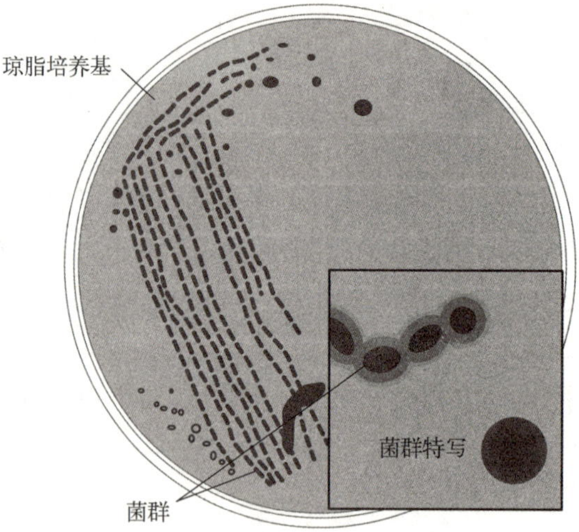

图 2

打开培养皿，数出每个平板上菌群的数量。在你的实验记录本上记录下这一数量。

2. 当你做完了琼脂培养基平板上菌群的工作，在琼脂培养基注入少量的稀释的漂白剂毁坏这些菌群。根据教师的指导处理这些琼脂培养基。

分　析

1. 哪个培养皿生长的细菌最多？
2. 关于重复使用水瓶的安全性你能得出什么结论？
3. 建议进行一个能够提供你有关水瓶上细菌生长更多信息的后续实验。
4. 为什么漂白剂可以用在棉签和培养皿上？
5. 建议一些把水带到学校的安全方法。

实验中将会发生什么?

琼脂培养基平板是一种含有养分琼脂培养基的培养皿，它是一种像明胶一样的培养基，能够维持细菌生长。养分培养基的颜色依据它们的组成成分而变化，由黄褐色变成深红色。在培养基上划擦棉签一两天后，在棉签上提取的细菌开始在琼脂培养基平板上形成小菌群。数百种细菌会在养分培养基上生长，大多数细菌是无害的，但是病原，即引发疾病的生物体，也会生长在那里。因此，含有细菌的表面必须用漂白剂进行消毒。

在某些情况下，生长在琼脂培养基上的不同种类的细菌可以通过视觉观察被分辨出来。为了进一步区别细菌种类，需要进行更多的研究。细菌样本可以转送到其他含有不同种类专门培养基的培养皿。不是所有的细菌都可以生长在同一专门的培养基上。菌群可以在样本染色后在显微镜下进一步观察，最常见的一个样本染色技术是革兰氏染色。当用结晶紫染色时，颜色变成蓝色的微生物分类为革兰氏阳性。这样的微生物包括一些葡萄球菌和链球菌。革兰氏阴性细菌是那些没有变色的细菌，它们包括大肠杆菌和霍乱弧菌。

与现实生活的联系

塑料水瓶设计的是一次性使用。当喝水人的嘴唇或者手接触到瓶盖的时候，细菌就进入瓶子。用肥皂和水清洗瓶子会消除一些细菌，但是不会消除所有的细菌。生长在瓶口的大多数细菌是无害的，但是也许会存在病原。在一些情况下，瓶子显现细菌的数量高，包括像大肠杆菌这样的粪便大肠菌群。这些细菌在哺乳动物的肠子里可以找到，很可能这种细菌经人们的手和嘴进入水瓶里。

塑料水瓶应该被重复使用吗？这个问题的答案很复杂，涉及健康和环境问题。公共卫生官员不建议清洗并重复使用瓶子，因为清洗并不能完全消除细菌，所以一些细菌仍然存在。反复清洗也会破坏塑料。从环境角度看，瓶子本身就存在问题，因为它们实在是太多了。瓶装水的销售在近 20 年已经翻了两番。瓶子是用不可再生的资源——石油制造的，还要使用更多的石油产品把它们运输到它们的目的地。一种品牌的瓶装水选取于太平洋中一岛上的泉水，它销往于世界各地。生产每 1 升瓶装水所需要的过程产生大约 227 克的温室气体。

想要了解更多吗？

参见附录中的“我们的发现”。

实验9 风能

题 目

风是一种能够用于发电的可替代性能源。

简 介

太阳是地球的能量来源。阳光不均匀地分布于各地，所以一些地区比另一些地区得到更多的太阳能。在受到强烈的太阳照射温暖的地区，空气上升。凉爽的地区的空气就会进入，代替正在上升的温暖的空气，这种空气运动就叫作风。

使用风车产生的风的动能可以用于发电。风转动风车的叶片，风车的叶片与轴相连。当轴旋转的时候，它给发电机提供动力，发电机通过一个线圈转动磁体来发电。电传输到变压器，变压器把电转换成能沿着输电线路传输(参见图1)。在本实验中，你将设计风车的叶片，然后试验叶片，观察

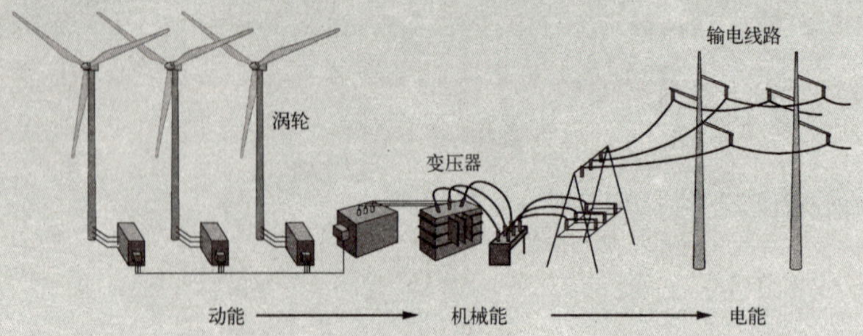

图1

叶片如何影响风车产生电压。

实验时间

45 分钟

实验材料

- 小电扇或者电吹风
- 小直流电动机(1.5—15 伏)
- 软木塞(直径 2 厘米)
- 电压表(或者万用表)
- 2 根两端有弹簧夹的铅丝
- 4 枚曲别针
- 索引卡
- 胶带
- 剪刀
- 实验记录本

安全提示

小心用电。请仔细阅读并遵守本书“实验前必读”中的“安全准则”。

实验步骤

1. 建立电路,如图 2 所示。
2. 把软木塞塞到直流电动机的轴上,以便当电动机运作时它跟着转动起来。
3. 使用曲别针、索引卡、剪刀和胶带来建造连接到软木塞的风车叶片。你

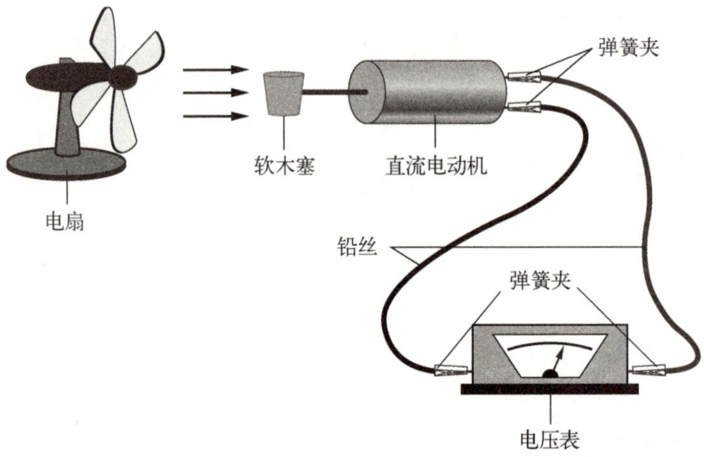

图 2

的叶片应该能够捕捉住风(来自电扇或者电吹风),使叶片转动。当你的叶片做完时,把它们连接到软木塞上。这样,你就有了简单的风车。

4. 转动电扇或者电吹风,并把它对准风车。当叶片转动的时候,观察电压表。在你的实验记录本里记录下通过电路的电压。

5. 改变风车叶片的形状,并重复实验步骤 4。

6. 改变风车叶片的大小,并重复实验步骤 4。

7. 改变风车叶片的角度,并重复实验步骤 4。

分 析

1. 在本实验中,电压表的功能是什么?
2. 描述发电量最多的叶片的形状、大小和角度。
3. 在本实验中,你只是发了少量的电。如何能在实验室中发较多量的电?
4. 风力发电有什么优点?其缺点是什么?
5. 建议一些风力发电的用途。

实验中将会发生什么?

在本实验中,来自电扇或者电吹风的风吹动简单的风车的叶片,引起叶片转动，发了少量的电。测量电量的基本单位是伏特，即电路中输送一定量的电能所需要的力。电压由电压表测量。通过转动风车叶片所发的电压量取决于几个因素，包括叶片转动的速度。叶片转动的速度取决于风的速度和叶片的设计和布局。叶片的长度也很重要，因为长度直接与叶片扫掠的范围成比例。叶片扫掠的范围越大，叶片每次转动捕捉的风就越多。叶片必须固定成一定的角度，以便使它们能够捕捉到风。

与现实生活的联系

风车，也叫作风力涡轮机，聚集在风力发电场这样的大型区域。在美国，风力发电场供给大约1万兆瓦的电，足够为250万家庭供电，或者提供不到1%的能源。美国最大的风力发电场是得克萨斯州的马谷（Horse Hollow）风力发电场，它拥有40.5公顷的开发区，能容纳421个风力涡轮机。得克萨斯州在风力发电上居于首位，其次是加利福尼亚州、爱荷华州、明尼苏达州和俄克拉荷马州。在美国，大多数能源生产厂归属于公共事业公司。但是风力发电场不同，它们通常由企业经营，这些企业把它们发的电卖给公共事业公司。

风力发电比传统的用煤发电具有许多优势。风是一种可再生能源，既干净又不会产生二氧化碳或者氧化硫和氧化氮。二氧化碳是导致全球变暖的罪魁祸首，氧化硫和氧化氮会造成酸雨。与其他发电技术相比，风力发电更经济，因此风力发电场的开发降低了所需化石燃料的数量。尽管有这些优势，风力发电场也不是解决我们不断增长的能源需求的最佳办法。风必须以最小量每小时24.14千米的速度吹动才能发电，所以不是所有的地点都可以维持风力涡轮机的运作。风力涡轮机大而笨重，许多人觉得它们不好看。此外，一些候鸟会与风力涡轮机相撞。鉴于所有的技术，人们必须仔细衡量风力涡轮机的利与弊。

想要了解更多吗？

参见附录中的“我们的发现”。

实验10　臭氧的试验

题　目

用舒贝因试纸来检测一个地区的臭氧水平。

简　介

氧气是我们呼吸时维持生命的气体，然而，臭氧是三原子形式的氧。常温、常压下无色，有特臭的气味，具有强氧化作用。由于臭氧腐蚀性高，所以它对人的眼睛、喉咙和肺部组织刺激大。臭氧对橡胶、电线外层、面料和油漆等一些合成材料也会造成伤害。

臭氧在大气的平流层和对流层中可以找到。平流层在大气的上层，对流层离地球距离最近。在平流层中，臭氧保护地球不受紫外线辐射的伤害。在对流层中，由于对流层离地球距离最近，臭氧会在低水平自然存在。然而，高浓度的臭氧，就会成为污染物。地表上空高浓度的臭氧是在由日光和未燃烧的碳氢化合物所引起的一系列复杂的化学反应中产生的。这些化合物是由汽车、工业和发电厂中燃烧化石燃料所引起的。随着人口数量的增长，地表上空的臭氧很可能会随之加剧增长。在本实验中，你将做能够表明臭氧存在的试验，然后检测你所居住地区的地表上空的臭氧的位置。

实验时间

第一部分：45 分钟
第二部分：15 分钟
第三部分：45 分钟

实验材料

- 烧杯(200—300 毫升)
- 5 克玉米淀粉
- 1 克碘化钾
- 100 毫升水
- 电炉
- 隔热手套
- 玻璃搅拌棒
- 1 张滤纸
- 小刷子
- 干燥箱或者微波炉(可自选)
- 剪刀
- 6 个保鲜袋
- 蒸馏水喷雾瓶
- 6 个衣夹
- 干湿球或者求助于当地的天气信息

安全提示

使用碘化钾时，戴上手套和保护镜或者护目镜。小心使用电炉。请仔细阅读并遵守本书“实验前必读”中的“安全准则”。

实验步骤

第一部分

1. 把 100 毫升的水和 5 克的玉米淀粉放入烧杯里。把烧杯放在电炉上加热并搅拌里面的东西。继续加热并搅拌，直到烧杯里的混合物凝胶。

2. 戴上隔热手套，从电炉上移走烧杯。加入 1 克的碘化钾，仔细搅拌。让烧杯和里面的东西变凉。

3. 把一张滤纸放在桌子上，用刷子把烧杯里的东西均匀地涂抹在滤纸的一面。把滤纸翻过来，在滤纸的另一面也进行涂抹。

4. 这时这张滤纸可以用来试验臭氧，或者可以弄干并储存，以备后用。为了使滤纸变干，把滤纸放在低温的干燥箱或者微波炉内大约 40 秒钟。也可以使用衣夹晾晒滤纸，直到太阳的直射光线把它晒干。

5. 当滤纸变干的时候，把它剪成大约 2.5 厘米宽的条。把这些纸条储存在保鲜袋里。

第二部分

1. 把几条臭氧试纸带回家，用衣夹夹住，保证它们在户外区域安全。确信它们没有放在阳光直射的地方。

2. 用蒸馏水喷洒这些试纸条。使这些试纸条处于这种状态至少 8 个小时。

第三部分

1. 第二天，收集这些试纸条，把它们标上日期和地点，并把它们放入保鲜袋里。

2. 用蒸馏水喷洒这些滤纸，检测它们，并且根据舒贝因色标比较它们的颜色。舒贝因色标能说明颜色对应的臭氧水平（参见图 1）。在实验记录本上记录下你的发现。

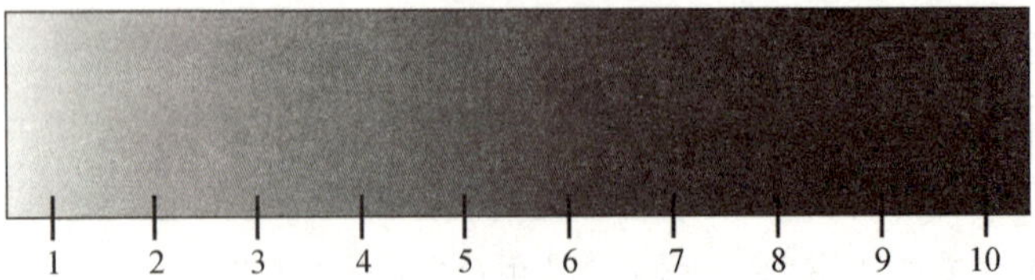

舒贝因数字(在暴露于外面8小时后)

图 1

3. 用下面两种方式中的一种方式找出你所在地区的相对湿度。如果你有干湿球，用它记录下你在每个悬挂滤纸条的地点的相对湿度。把每个地点的相对湿度记录在你的实验记录本上。如果你没有干湿球，求助于当地的天气信息。相对湿度的舍入宽限为接近 10%。

4. 相对湿度影响臭氧试纸的准确性。湿度高使得试纸对臭氧更敏感。为了调解这点，在决定臭氧水平的时候一定要考虑相对湿度。在相对湿度臭氧图（参见图 2）上，在沿着图的底部的刻度上，找出一张臭氧纸的舒贝因臭氧数量。从这个数字画出一条线，直到它与你试验地点的湿度相对应的湿度曲线相交会。阅读图的左侧的臭氧浓度[以每 10 亿分之一（ppb）计算]。

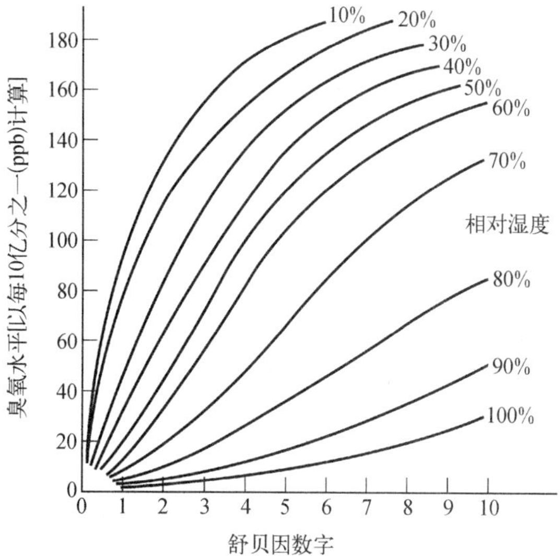

图 2

5. 使用每个地点的舒贝因臭氧数量，重复实验步骤 4。

6. 把你的发现与你的同学分享。比较社区内不同区域的臭氧量。

分 析

1. 解释平流层臭氧和对流层臭氧的区别。
2. 为什么地表上空的臭氧危险？
3. 在你试验的地区中你发现了多少臭氧？

4. 你的发现与你的同学的发现一样吗？解释为什么是或者为什么不。

5. 为什么计算臭氧水平时需要知道相对湿度？

实验中将会发生什么？

德裔瑞士科学家克里斯丁·弗里德里希·舒贝因(Christian Friedrich Schönbein)(1799—1868)在1840年发现了臭氧。舒贝因研发了一种能够显示臭氧的存在和相对量的试纸。这种纸会变色，因为臭氧使碘化钾氧化成碘。发生的反应是：

$$2KI + O_3 + H_2O \rightarrow 2KOH + O_2 + 2I$$

在纸上，碘与淀粉发生反应会呈现紫色。紫色的确切色彩取决于存在的臭氧量。舒贝因色标能说明颜色对应的臭氧水平。

一个社区的臭氧水平在不同地方有所变化，这就跟时间的变化一样。尽管人们认为在车辆拥挤的地方臭氧水平最高，但是臭氧会从它的发源地被风吹到其他地方。因此，住在乡村的人也会像城市里的人一样遭受同样多的臭氧。

与现实生活的联系

臭氧是按照每10亿分之一(ppb)标准进行测量的。没有被污染的空气含有10—15 ppb的臭氧。美国环境保护局(Environmental Protection Agency)(EPA)已经认定持续8个小时的80 ppb的臭氧对人的健康有危害。在人口密集的地区，在天气闷热的状况下，臭氧水平也许会达到125 ppb。

美国环境保护局已经建立了空气质量指数(Air Quality Index)(AQI)，一种反映空气质量的颜色编码工具(参见53页上的数据表)。根据这个指数，认为超过75 ppb的臭氧水平对敏感群体是不健康的。这一臭氧水平与其他主要空气污染物一起作为因数计入反映空气质量，标注为“橙色”空气质量。敏感群体包括儿童、哮喘和其他肺病患者和老人。其他4种主要污染物是颗粒物、一氧化碳、二氧化硫和二氧化氮。个人可以通过减少待在户外的时间或者调整外出的时间来降低暴露于臭氧和其他空气污染物下。一般情况下午后的臭氧水平较高，所以，在上午进行散步和慢跑空气质量较佳。

想要了解更多吗?

参见附录中的“我们的发现”。

数　据　表

空气质量指数(AQI)值	健康关注水平	颜　色
当空气质量指数在这一范围时:	空气质量条件是:	以这种颜色为标记:
0—50	好	绿色
51—100	适中	黄色
101—150	对敏感人群不健康	橙色
151—200	不健康	红色
201—300	非常不健康	紫色
301—500	危险	栗色

实验 11　石油的生物降解

题　目

土壤中的一些细菌具有分解石油的能力。

简　介

“漏油”这个词汇使人联想到羽毛浸了油的鸟和滑滑的海滨情景。漏油就是意外的泄漏了大量石油。1989 年，在美国阿拉斯加州的威廉王子湾(Princess William Sound)，埃克森公司瓦尔迪兹油轮失事泄漏了 4 120 万升石油，最终覆盖了 1 770 千米的海岸线(参见图 1)。自从那时候起，各个国家和国际各方都对漏油事件极其关注。尽管制定了降低漏油可能性的立法，但是漏油事件仍然发生。随着海上油井的不断开发，发生新的漏油事件的可能性也在增长。

科学家们正在努力探索遏制和清理未来可能发生的漏油事件的方法，其中一个最有希望的解决方案很简单：就是培养吃油的细菌。一些有氧细菌物种能吃石油，因为石油中含有碳——一种也可以像糖和淀粉一样在食物中找到的元素。吃油的细菌分解碳化合物，以便得到自身代谢过程所需要的能量。消化石油所产生的废品是二氧化碳和水(参见图 2)。

吃油细菌可以在天然土壤中找到，特别是在有石油的地方。在本实验中，你将检测 3 种不同来源的土壤，发现哪一种土壤含有最多的吃油微生物。

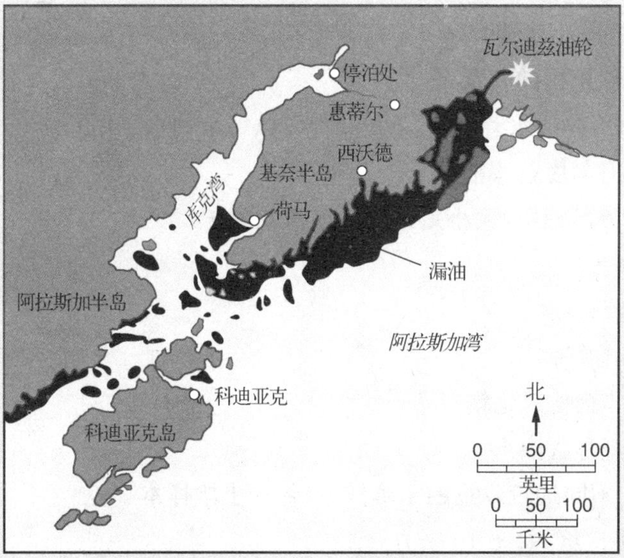

图 1　埃克森公司瓦尔迪兹油轮漏油的区域

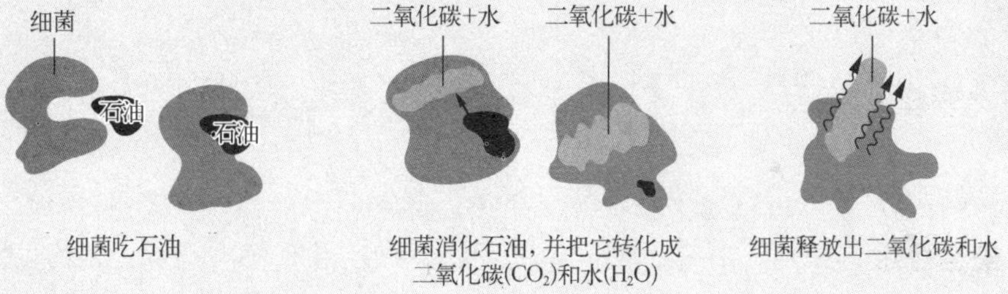

图 2

实验时间

第一天：55 分钟

随后几天：15 分钟

实验材料

- 500 毫升的罐子或者 500 毫升的烧杯

- 标有刻度的量筒
- 轻质机油(小罐装)
- 4 个水族箱用的气泵
- 水族馆用的抽水管(大约 30.5 厘米,供每个抽水泵用)
- 4 个标有刻度的移液器
- 4 块正方形铝箔(大小足够松散地盖住罐子)
- 0.3 克磷铵
- 0.1 克硫酸镁
- 0.3 克磷酸钾
- 1.5 克非碘盐氯化钠
- 1 200 毫升蒸馏水
- 从 3 个不同地点收集的土壤样本(每个土壤样本 2 克)
- 20 张牛皮纸,每张 10 平方厘米
- 标签或者遮蔽胶带
- 水性笔或者记号笔
- 尺子
- 实验记录本

安全提示

使用化学品和细菌时,戴上手套和保护镜或者护目镜。请仔细阅读并遵守本书“实验前必读”中的“安全准则”。

实验步骤

第一天

1. 把每个烧杯(或者罐子)里放入 300 毫升的水和 10 毫升的石油。

2. 向每个烧杯里加入下面的无机养分:1.5 克非碘盐氯化钠、0.3 克磷铵、0.3 克磷酸钾和 0.1 克硫酸镁。

3. 在烧杯上分别贴上 A、B 、C、D 标签。烧杯 A 受到控制。

4. 把从一个地点收集的 5 克土壤放入烧杯 B 中。在数据表的第二栏描述土壤样本的来源。

5. 对于烧杯 C 和烧杯 D 重复实验步骤 4。

6. 支起气泵和抽水管，以便每个烧杯内有一个抽水管，空气顺着管吹气泡，进入容器的底部。这样做保证了水油混合物有空气供给。

7. 用油斑试验测量出每个烧杯中的油量。要想做这个试验：

① 使用黑色水性笔和尺子，把 4 张牛皮纸分成 16 个正方格。

② 在纸的左上角上贴上 A、B、C、D 标签。

③ 在移液器上贴上 A、B、C、D 标签。

④ 用移液器 A，从烧杯 A 中收集 1 毫升的水。仅从表面下收集水样本。

⑤ 把水放在贴有标签 A 的纸的中心。

⑥ 对于其他 3 个烧杯重复实验步骤 4 和 5。

⑦ 把纸放置一边几个小时。当纸变干的时候，一个油斑将会留在纸上。

⑧ 根据油斑覆盖的正方格的多少，测量出每个油斑的大小。例如，图 3 中显示的油斑覆盖住 2 个完整的正方格，4 个正方格的一半，总计有 6 个正方格被覆盖。

⑨ 在数据表上标题为“开始”的一栏中记录下油斑的大小。

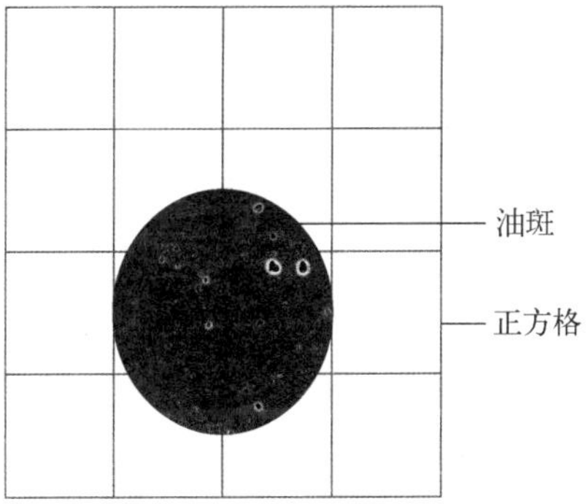

图 3

8. 用铝箔松散地盖住烧杯，以防止蒸发。把烧杯放置一边 1 个星期。

随后几天

1. 连续 4 周，每周一次，重复每个罐子（烧杯）的油斑试验；

2. 在数据表上记录下油斑的大小。

数 据 表

		油斑的大小				
	土壤的来源	开 始	第一周	第二周	第三周	第四周
A	N/A					
B						
C						
D						

分 析

1. 就油斑试验进行解释。
2. 为什么一些细菌能分解石油?
3. 为什么要把无机养分加入到每个烧杯里?
4. 哪种土壤样本含有最多的吃油细菌? 你怎么知道的?
5. 为什么有必要在本实验中进行控制?
6. 提出一些日常使用吃油细菌的建议。

实验中将会发生什么?

人类在地球上已经存在有 100 万年,而细菌在地球上已经存在大约有 300 万年,远远超出了人类存在的时间。在那漫长的时间里,细菌已经进化到能够在地球的每个生态圈和每个角落生活。数百万年前,生活在油饱和土壤中的一些细菌经历了会产生能够分解或者消化石油的酶的突变,因此这些细菌能够把石油当作食物来源。消化油的细菌在大多数土壤中相对罕见,但是在被石油产品污染的土壤中却极其丰富。来源于汽车修理厂、公路和旧垃圾场的土壤有相对数量多的吃油细菌。

科学家一直在致力于研究辨别能够分解石油的所有种类的细菌,其中有一种是杆形的微生物。在未受污染的海洋区域,这种细菌存在,但是其数量很少。然而,当发生漏油时,这些微生物迅速繁殖,短时间内就会主宰细菌菌群。

与现实生活的联系

清除漏油所使用的实验步骤涉及几个技术，其中一个简单，但是非常有用的策略是向漏油处喷洒分散剂，像洗涤剂一样能够把大块的石油分解成小球。当石油被分离成小液滴的时候，细菌就能围住并吃掉它。

在讨论吃油细菌中，两个词汇常常搞混淆：生物降解和生物修复。生物降解是细菌把石油分解成能量和较简单的化合物的自然过程。如果石油泄漏在陆地上或者海洋中，它最终会被环境中的细菌降解。生物修复是指人们加速生物降解所使用的产品和过程。生物修复的一种方法就是向漏油处喷洒吃油菌种，生物修复也包括向菌群添加养分，增加细菌的氧气供给。

从事生物修复研究的一些科学家希望培育超级吃油的细菌。通过基因工程，这些科学家已经培育出了能够产生异常高水平酶的细菌，这些酶能够用于消化石油。这样的细菌被描述为转基因生物体，因为它们的 DNA 已经被改变。通过把超级吃油细菌应用到漏油地区，科学家期望加速石油的分解，以便降低环境破坏的发生。

想要了解更多吗?

参见附录中的“我们的发现”。

实验 12　味道试验

题　目

这个实验有助于我们弄清楚：与自来水相比为什么人们更喜欢选择瓶装水。

简　介

瓶装水是市场上最受欢迎的饮料之一，并且其受欢迎程度在不断上升。为什么与自来水相比人们更喜欢选择瓶装水？方便当然是其中的一个原因，消费者觉得从自动售货机买水比携带重复使用的水瓶上下班(上下学)更方便。另一个原因是人们主要关注其味道。水的味道主要由 3 个因素决定：水源、矿物质含量和水处理。水源包括像湖泊和河流的地表水、水井的地下水和含水层(参见图 1)。水的矿物质含量取决于其水源，一些区域钙和镁的天然含量较高，这些矿物质赋予水的味道颇受人们的青睐。

水处理包括杀死水中微生物、去除水中污染物的所有过程。灭菌的最廉价和最简易的方法是使用氯，但是它有留下余味的缺点。其他方法包括使用臭氧进行水处理。臭氧是氧气的高度反应形式，或者叫紫外线光。反渗透迫使水穿过可以过滤污染物的薄膜(参见图 2)。蒸馏就是加热水，蒸发掉纯净水，留下杂质的过程。

尽管各种变量会影响水的味道，但是一般人不可能真的通过味道试验把自来水同瓶装水分辨出来。在本实验中，你将进行一次盲目的味道试验，发现不同的人对水的喜好。

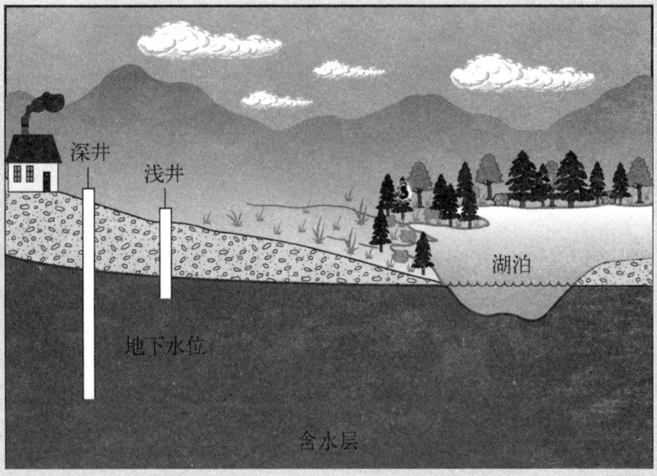

图 1

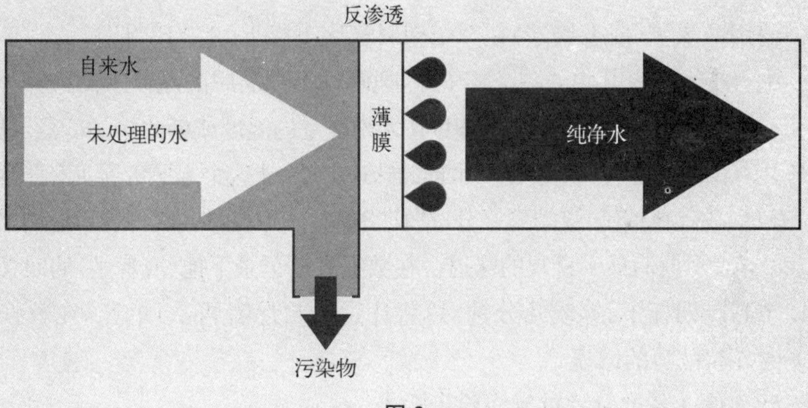

图 2

实验时间

55 分钟

实验材料

- 两个品牌的瓶装水

- 自来水
- 6 个塑料杯
- 标签
- 防水笔(或者记号笔)
- 实验记录本

安全提示

请仔细阅读并遵守本书"实验前必读"中的"安全准则"。

实验步骤

1. 使用防水笔(或者铅笔)在 3 个塑料杯底下标上"A""B""C"。

2. 把自来水倒入其中的一个杯子里,把两种不同品牌的瓶装水倒入其他两个杯子里。确定 3 种水样的温度大约相同(大约是室内温度或者冰箱的冷藏温度)。

3. 让一位志愿者尝试所有 3 种水样的味道,不要让这个志愿者看见杯子底下的标签。让他(或者她)将味道的喜好分成"1""2"和"3"等级,其中"1"表示他们最喜欢的味道,"3"表示他们最不喜欢的味道。在数据表上记录下他(或者她)的回答。

4. 重新排列杯子,等候几分钟,然后让这个自愿者再次试验。在数据表上记录下他(或者她)的回答。

5. 让其他 9 名志愿者重复实验步骤 1—4。

6. 当填写完数据表时,在每一栏上填上数字,以便在数据表的最后一行生成总计数字。

分　析

1. 3 种水中哪一种比较受大多数人的喜欢?

2. 获胜的水样是瓶装水还是自来水?

3. 根据你的实验结果,你认为人们较多选择瓶装水而不是自来水是因为其味道吗?

4. 使用瓶装水有哪些优点？

5. 使用瓶装水有哪些缺点？

数 据 表

志愿者的姓名	A	B	C
1.			
1.			
2.			
2.			
3.			
3.			
4.			
4.			
5.			
5.			
6.			
6.			
7.			
7.			
8.			
8.			
9.			
9.			
10.			
10.			
总计			

实验中将会发生什么？

在由美国国家资源保护委员会(NRDC)(National Resource Defense Council)

实施的为期4年的调查中，研究人员发现高达40%的瓶装水是重新包装的城市供水。有了这一发现，对许多人在味道试验中分辨不出瓶装水和自来水的区别就不足为奇了。2001年由世界野生动物基金会(World Wildlife Fund)所进行的味道试验中，大多数消费者分辨不出瓶装水和自来水的区别。然而，许多人声称他们认为瓶装水味道更好，也是比较健康的选择。

瓶装水工业发展巨大，据估计每年在美国有150亿美元的资产运营，并且每年大约增长7%。瓶装水有几个种类，包括泉水、纯净水、矿泉水、加味水和富含维生素水。消费者很难解释这些标签。泉水(也称作喷水井水)、地下水和井水，来源于地下。泉水是在从地下流出的那个地点被收集起来的。贴有"纯净"标签的水可以来自任何水源，但是它已经被处理，这样它不含化学品和微生物。矿泉水通常含有钙和镁。加味水中添加了像草莓和酸橙这样的天然的或者人造的香料，里面或者加糖或者不加糖。富含维生素水也类似，一般里面添加了维生素C、A、B_3、B_6和B_{12}。

与现实生活的联系

消费者期望他们饮用的水既健康又口味佳。在美国，水安全是由环境保护局(EPA)(Environmental Protection Agency)和美国食品和药品管理局(FDA)(U.S. Food and Drug Administration)这两个机构所负责的事情。大多数瓶装水来自地下水源，这些水库每天变化都不大，所以它们的味道始终如一。自来水通常由地表水供给，地表水会受到雨水和周围陆地上的径流的影响。除此之外，自来水经由水管输送到消费者，这也会影响其味道。

大多数自来水用氯进行消毒，因为化学品相对便宜，有持续消毒的优点，即便是水由水管输送。氯的缺点是它会留下余味。有些城市已经升级了水的净化系统，使用臭氧和紫外线光，这两种技术都不会在水中留下余味。这两种过程受到瓶装水生产商的青睐。其他两种不留余味的过程是反渗透和蒸馏。

想要了解更多吗?

参见附录中的"我们的发现"。

实验 13　太阳能热水器

题　目

被动式太阳能热水器是一种有益于环境的加热水的方法。

简　介

太阳能是由核反应产生的，这种能量以电磁辐射的形式穿行于太空。地球保留住了大约 50%到达地球的太阳能，其余的能量通过传导被反射回太空、被吸收或者被带回到大气上空。图 1 显示了地球能量预算的详细情

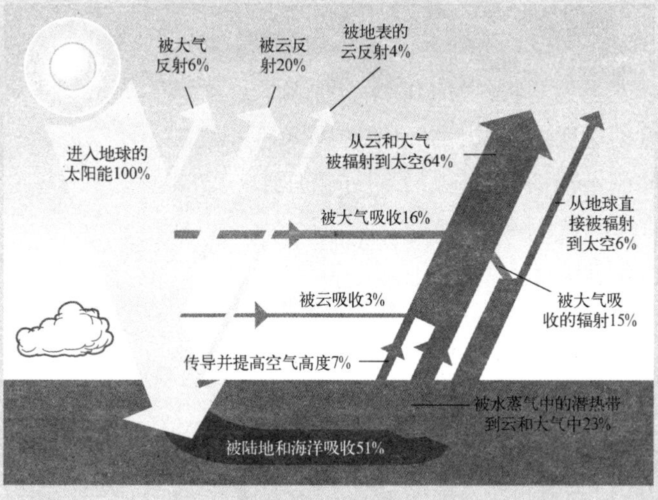

图 1　地球的能量预算

况。到达地球的太阳能会转化为热能。如果你在寒冷的冬日站在有阳光的地点，你就能体会到阳光转化为了热能。

由于太阳能丰富，并且可以随意使用，因此它是满足我们日常生活需要的合理的能量来源。有 3 种基本的方法收集太阳能：被动式太阳能加热、主动式太阳能加热和光伏电池。被动式太阳能加热是最简单的，它不需要任何机械或者电子配件。在这种系统中，阳光照射到空气或者水，并使它变暖。在主动式太阳能装置中，阳光集中在使用镜子或者镜头的集热器上。光伏电池里面含有遇到阳光时会释放电子的材料。这些装置能够产生电流。

在这 3 项技术中，空气和水的被动式太阳能加热是最古老的、也是最常用的，被动式太阳能装置所能收集的热量取决于它的设计。在本实验中，你将设计一个被动式太阳能热水器，并检测水的温度。

实验时间

55 分钟

实验材料

- 大尺寸的黑色塑料（大约 60 平方厘米）
- 大尺寸的透明塑料（大约 60 平方厘米）
- 大尺寸的不透明塑料（大约 60 平方厘米）
- 4 升的保鲜袋（冰箱）
- 2 升的空塑料瓶
- 1 升的空塑料瓶
- 塑料管（大约 1 米长）
- 橡皮或者软木瓶塞
- 橡皮泥
- 土（大约 1 升）
- 绝缘材料（像织物）

- 剪刀
- 标签
- 胶水
- 导管胶带
- 水性笔或者记号笔
- 温度计
- 实验记录本

安全提示

请仔细阅读并遵守本书“实验前必读”中的“安全准则”。

实验步骤

1.设计并建造一个被动式太阳能热水器。

2. 你可以使用教师提供的任何材料，但是不必使用所有的材料。

3. 实验前，确定你确切要做的事情。在数据表 1 中写出你计划采取的步骤（实验步骤）和你计划使用的材料（材料单）。把你的实验步骤和材料单给教师看。如果得到教师的批准，就继续你的实验。如果得不到教师的批准，修改你的实验步骤，再次让教师看。

4. 一旦得到教师的批准，就收集你需要的实验材料，开始你的实验。

5. 收集表明你设计的被动式太阳能热水器能够在 20 分钟内加热水的数据，并在数据表 2 中记录下你的实验结果。

分　析

1. 请解释被动式太阳能热水器和主动式太阳能热水器的区别是什么？各自的优点是什么？

2. 大多数电热水器和燃气热水器一旦达到需要的温度就会保持水温。提出一些改进你的设计的方法建议，以确保热水器保持水温。

3. 对你的热水器提出两种改进建议。

4. 提出 3 种使用太阳能加热水的方法建议。

5. 太阳能热水器有哪些局限?

数 据 表 1

你的实验步骤	
你的材料单	
教师批准	

数 据 表 2

以分钟计算的时间	温 度
0(开始)	
5	
10	
15	
20	

实验中将会发生什么?

被动式太阳能热水器用途大,因为它能够把太阳的一些电磁能量转化为热量,这种热量可以加热大量的水。经济型的被动式太阳能热水器能在大容量的水箱或者水管内贮存水。这些水箱一般是用能吸收大量太阳能量的黑色非反射材料制成的。当水被加热的时候,水会被输送到蓄水箱中。需要用水的时候,就可以从蓄水箱中把水输出来。如果蓄水箱隔热好的话,会能更好地保持水的热量。

太阳能集热器最理想的选择是水,因为水的比热高。比热就是 1 克物质升高 1℃温度时所吸收的热量。水的比热是 1 克水升高 1℃温度时吸收 1 卡路里的热量，它比其他液体的比热高得多。例如，乙醇的比热是 1 克乙醇升高 1℃温度时吸收 0.6 卡路里的热量。由于水的这一特征，水在吸收或者散失热量的时候，温度变化比较缓慢。换句话说，水抵制温度变化。所以，水一旦被加热，会比其他物质更长久地保持那个温度。

与现实生活的联系

个人太阳能淋浴器是一种简单的被动式太阳能热水器，太阳能淋浴器基本上是一个大塑料袋，其一侧是黑色的，另一侧是透明的。袋子的下端安装有水管和喷嘴，袋子的上端有悬挂环(参见图 2)。在白天，袋子里充满水，放置在日光充足的地面上。只要有阳光，袋子中的水就会升温。一旦水加热了，即便是在日落之后，它也会保温好长一段时间。

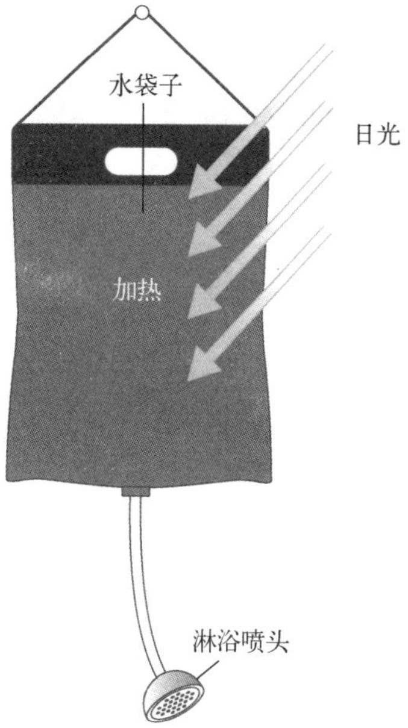

图 2

想要了解更多吗?

参见附录中的“我们的发现”。

实验 14　酵母的数量增长

题　目

当资源丰富时，酵母的数量增长将无法控制。

简　介

酵母是生活在空气、土壤和水中的一大群单细胞真菌。大多数人熟悉烤面包用的酵母。在显微镜下，酵母细胞相对大，大约宽度为1%毫米。像所有的真核生物一样，细胞的外边是一层用于监察进入细胞和离开细胞的膜。在质膜里面是包含细胞器和细胞核的细胞质。细胞核内的脱氧核糖核酸(DNA)含有细胞的基因信息，能控制细胞的运作。细胞器包括生产蛋白质的核糖体、含有消化酶的溶酶体和呈管状系统的内质网。有几种过程在内质网内发生。

酵母分解糖，并将其转化为能量来执行其代谢过程。在有氧条件下，酵母把糖转变成二氧化碳、水和许多能量，这一过程叫做细胞呼吸。细胞呼吸发生在另一个叫做线粒体的细胞器里面。细胞呼吸的方程式是：

$$C_6H_{12}O_6 + 6O_2 \rightarrow 6CO_2 + 6H_2O + \text{能量}$$

当不再有氧气的时候，酵母使用叫作发酵的厌氧过程。在发酵过程中，会产生二氧化碳、乙醇和少量能量。发酵过程在细胞质中发生。这一化学反应的方程式表示如下：

$$C_6H_{12}O_6 \rightarrow 2C_2H_6O + 2CO_2 + \text{能量}$$

产生的二氧化碳对制作面包用的酵母产生作用，因为产生的气泡会使面团膨胀，变大。

酵母通过芽体成倍地增加，在这个过程中子细胞紧挨着母细胞生长。在最佳条件下，萌芽大约需要20分钟。当子细胞完全形成时，在原细胞和新细胞之间形成一条狭长部分，随后它们分离开。在本实验中，你会通过显微镜进行为期12天的实验观察，并数出显微镜图片中所呈现的酵母细胞的数量。酵母细胞生长在放有糖和温水的烧杯里。

实验时间

55分钟

实验材料

- 方格纸
- 实验记录本

安全提示

请仔细阅读并遵守本书“实验前必读”中的“安全准则”。

实验步骤

1. 查看图1，哪一幅图片显示了通过显微镜观察所获得的为期12天实验的酵母细胞的数量？第一天是酵母开始在放有糖和温水的烧杯里培育的时间；第十二天是实验的最后一天。

2. 在你的实验记录本里创建一个数据表，记录下通过显微镜观察所获得的为期12天实验的酵母细胞的数量。

3. 看图 1 中的第一天。注意显微镜观察区域已经被分成 4 个象限。创建这些象限的目的是为了更容易数出显微镜幻灯片上细胞的数量。当细胞的数量稀少的时候，你可以轻松地数出幻灯片上的每个细胞。但是当细胞的数量密集的时候，你会发现数出一个象限中细胞的数量比较容易，然后再将这个数量乘以 4。

4. 数出图 1(参见图 1)中第一天酵母细胞的数量，并把第一天细胞的数量记录在数据表里。要牢记这几点：

① 如果一个细胞的一半或者大于一半在显微镜观察区域内，就算作一个细胞；如果少于细胞的一半在显微镜观察区域内，就不算作一个细胞。

② 如果一个细胞通过芽体产生一个子细胞，只能算作一个细胞。

5. 从第二天开始，一直到第十二天，数出细胞的数量，并记录在数据表里。

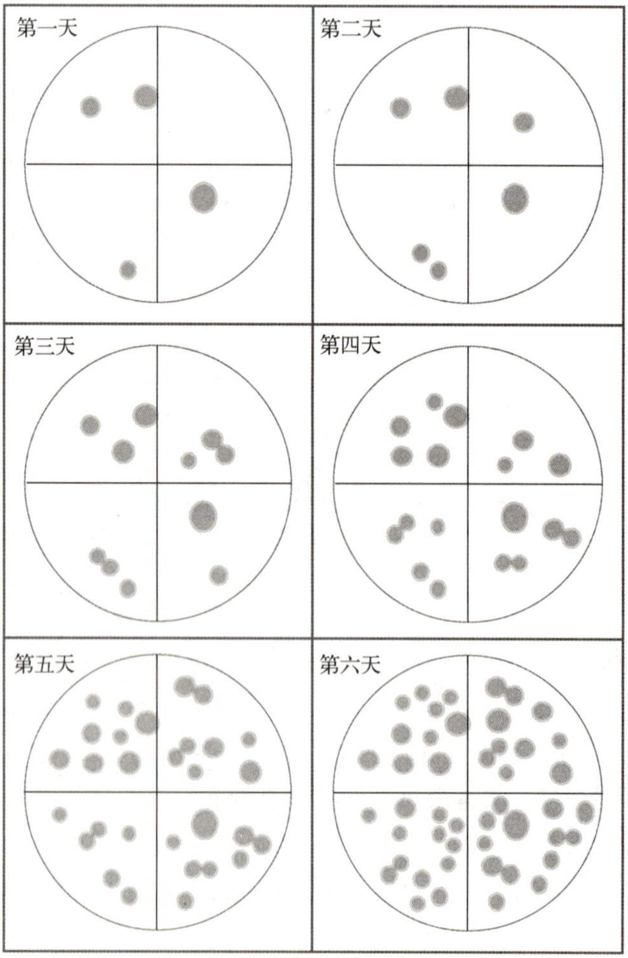

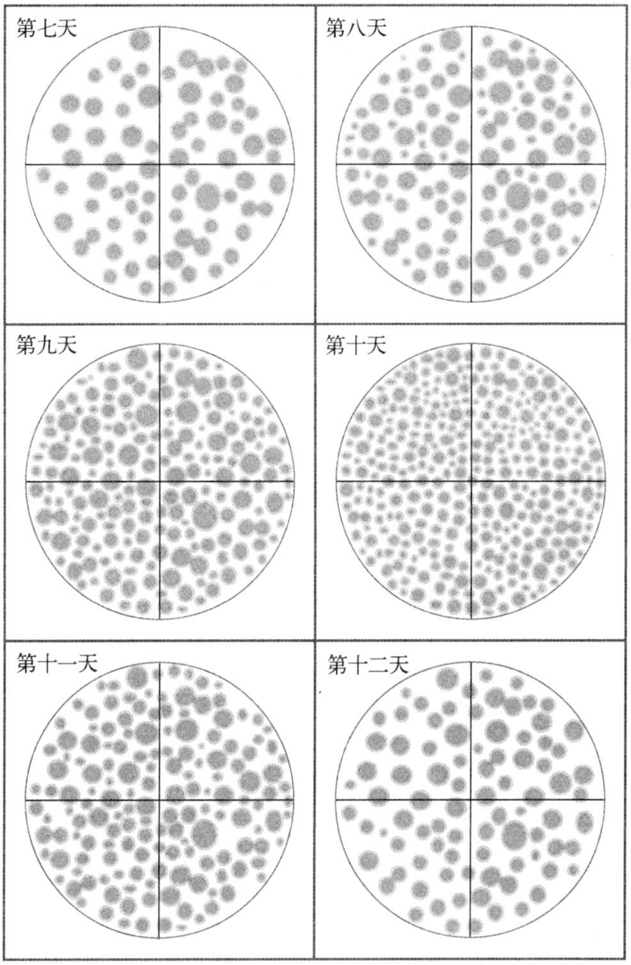

图 1

6. 制作一个图表，表示为期 12 天的实验中酵母数量的多少。

分　析

1. 酵母细胞在有氧条件下如何产生能量？在厌氧条件下又如何？
2. 什么物质用作食品酵母？
3. 为什么显微镜观察区域被分成 4 个象限？
4. 当数量快速增长时，会生成一个 J 形的指数函数图；当数量缓慢增长时，会生成一个S形的对数函数图(参见图2)。在呈对数函数增长中,数量加剧增长,直至达到承载能力,然后放慢速度。承载能力是环境所能维持的生物体的最大数量。从第一天到第十天酵母数量的增长是呈指数函数增长还是对数函数增长?

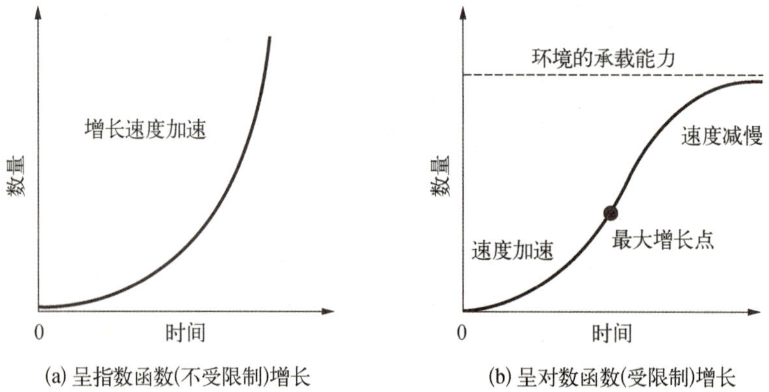

图2

5. 根据你的图,你认为酵母在哪一天达到承载能力?解释你的回答。

实验中将会发生什么?

在本实验中,图1显示了为期12天的酵母细胞的增长。从第一天到第十天,细胞呈指数函数模式快速增长,数量以恒定速度增长。图2显示出这一增长呈典型的J形曲线。10天后,所有的酵母食物供给都被用光,数量已经超越了承载能力。

本实验中,所有数量的酵母细胞发生的状况都一样。当资源丰富时,细胞数量可以不受限制地呈指数函数增长。呈指数函数增长的物种最终会用光所有维持它们的资源,当发生这种状况的时候,细胞数量就显著地下降。

与现实生活的联系

图3显示出从公元前8000年—公元2000年之间人口数量的增长,这一期间人口的总体增长模式生成了J形曲线,是典型的呈指数函数增长。自从1950年以来,人口数量增长的规模远远超过先前的400万年内增长的规模。没有人

知道什么时候人口的数量将会超过其资源。然而，通过对呈指数函数增长的其他物种数量的了解，科学家对人类也不无担忧。

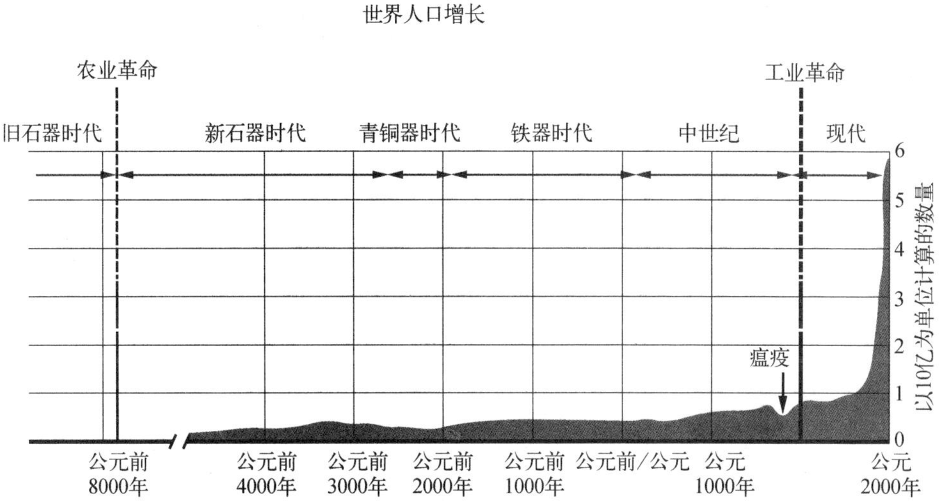

图 3

人口数量的快速增长对环境有巨大的影响。随着人类不断扩大自己的领域，地球上的资源被紧缩在有限的范围内。8%的地球原始雨林已经遭受破坏或者已经被砍伐。每隔 20 分钟，一种或者多种植物物种就会灭绝。40%以上的地下水受到污染。美国是最大的环境破坏者之一。尽管美国人口只占世界人口的 5%，但是却使用了世界 25%以上的资源。每个美国人消费的资源大约是每个印度人的 30 倍以上。由于美国人在大量使用资源，所以造成许多污染。美国人产生了全球 25%的温室气体。解决问题的首要方法就是对快速人口增长问题有正确的认识。只有我们每个人了解了地球所处的环境，我们才能切实采取有效的措施解决问题。

想要了解更多吗?

参见附录中的“我们的发现”。

实验 15　酸雨是如何影响彩叶草的?

题　目

酸雨在许多方面损害植物,减缓植物的生长。

简　介

随着空气污染的增长,酸雨的程度也在增加。当燃烧化石燃料所产生的气体,即氧化硫和氧化氮与空气中的水相混合,然后以降水形式降落到地球上时,就形成了酸雨。正常的雨酸性少,其 pH 值为 5.6。pH 值低于 5.6 的降水被认为是酸雨。

图 1　彩叶草植物

植物中的代谢过程,包括繁殖过程,如遭遇酸雨会受到损害。植物以两种方式进行繁殖,即有性繁殖和无性繁殖。有性繁殖的植物会产生卵子和精子,这些细胞结合到一起,形成会发育成新植物的卵细胞。无性繁殖的植物的繁殖方法包括借助压条法生根繁殖、扦插繁殖和插枝繁殖。在压条法生根繁殖过程中,植物仍然附着在母株上,部分植物被土覆盖,并开始生根。之后,新植物也许会从母株上隔离开来,成为单独的个体。在扦插繁殖的过程中，部分母株的根会被折断，形成新的植物。在插枝繁殖过程中，叶子或者形成叶子的茎有根，并且开始生成新的植物。用这些无性繁殖的方法所繁殖的幼苗是它们母株的克隆体。在本实验中，你将设计并实施实验步骤，观察彩叶草（参见图 1）插枝培育是如何受到各种酸性浓度的影响的。

实验时间

1—2 周

实验材料

- 刀
- 彩叶草植物
- 塑料杯
- 铝箔
- pH 试纸
- 醋
- 小苏打（碳酸氢钠）
- 吸管
- 胶带
- 绳子或者麻线
- 剪刀
- 卷尺或者尺子
- 电子秤或者三杆式天平
- 靠近水源
- 实验记录本

安全提示

小心使用刀。使用化学品时戴上手套和保护镜或者护目镜。请仔细阅读并遵守本书“实验前必读”中的“安全准则”。

实验步骤

1. 你需要设计并实施实验，发现不同浓度的酸如何影响彩叶草茎插枝的繁殖根的能力。在本实验中，你需要制出几根茎插枝。每个茎插枝需要：

① 用干净、锋利的刀从彩叶草母株植物的叶子节的下端剪下部分茎(参见图 2)。叶子节就是叶子从植物茎上生长的地点。

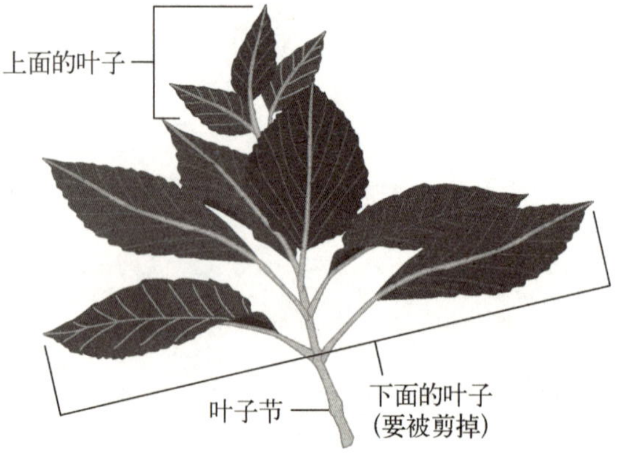

图 2

② 从茎上剪掉下面的叶子。

③ 向塑料杯里注入一些水。

④ 用一张铝箔盖住杯子。在铝箔上穿个洞。

⑤ 通过铝箔上的洞把彩叶草茎插入水中。

2. 实验中，你可以使用教师提供的任何材料，但是不必使用所有的材料。

3. 实验前，搞清楚你确切要做的事，要牢记这几点：

① 良好的实验要进行控制。因为正常雨水的 pH 值为 5.6，你需要在 pH 值为 5.6 的杯子里培育一个彩叶草插枝。

② 要求你检测一种以上的彩叶草生长的酸性浓度。检测醋的 pH 值。如果你想要降低醋溶液的 pH 值，你或者加水或者用像苏打水溶液这样的温和的碱来部分地使其中和。

③ 当彩叶草茎被放入水中时会生出根，生根需要几天的时间。

④ 健康的彩叶草的茎和叶子在水的作用下会呈现其独有的颜色、形状和来自内部的膨压。

4. 在数据表上写出你计划采取的步骤（实验步骤）和计划使用的实验材料（材料单）。把你的实验步骤和材料单给教师看。如果得到教师的批准，继续你的实验；如果得不到教师的批准，修改你的实验，并再次出示给教师看。

5. 一旦得到教师的批准，收集你需要的实验材料，开始你的实验。

6. 收集你设计的数据表中的实验结果。

分　析

1. 为什么本实验需要进行控制？

2. 在你的实验中，你使用什么浓度的酸？

3. 在哪个杯子里彩叶草的茎繁殖出最多的根？解释其原因。

4. 关于酸雨对植物的影响本实验说明了什么？

5. 酸雨在不杀死植物的前提下，也许会损害生态系统中的植物。这种损害会如何影响整个生态系统？

实验中将会发生什么？

环境中有生命或者无生命的物质都会受到酸雨的破坏。如果植物的叶子和根受到伤害，其生长速度就会减慢。酸雨可以降低，甚至毁坏宝贵的土壤养分。生活在土壤中的有助于有机质循环的微生物也易受高浓度酸的攻击。极度酸雨也许会导致植物在相对短时间内死亡。即使植物不被杀死，其生长和发育也将由于酸雨的影响而受到妨碍，使植物更可能遭受病害。根系遭受削弱的植物会失去抓地力，在恶劣天气下会被吹走或者冲走。酸雨也会减慢植物的繁殖能力。酸雨逐渐累积的效果会损害生态系统中的所有植物。

数 据 表

实验步骤	
材料单	
教师批准	

与现实生活的联系

美国 1970 年签署的清洁空气法案(Clean Air Act)在 1990 年进行了修改，旨在制止空气污染所造成的环境问题。环保人士希望实施立法，限制酸雨的产生。令人遗憾的是，酸雨的浓度至今没有被降低，需要新的解决策略。

从视觉角度检查森林和田地，看不出酸雨造成破坏的明显证据，许多区域表面上看起来葱绿而且健康。详尽的分析则表明许多生态系统中的植物，特别是美国东北部的植物，由于长期受到酸雨的影响而备受关注。多年来，土壤中酸的积聚已经滤去了其中的养分，削弱了植物。如果对土壤的损害持续多年的话，即使酸雨的问题得以解决，这种损害仍会持续一段时间。滤去养分造成养分的流失，土壤要恢复到原来的状态会很缓慢，因为养分加入到土壤需要两个过程：死亡有机质的风化和腐烂。风化，即岩石侵蚀为矿物质，是一个逐渐的过程。有机质的腐烂速度虽然比风化快，但是也需要几十年的时间。科学家一直希望找到方法，维持受损生态系统中的植物有时间进行自我修复。生态系统修复的第一个步骤一定是减少酸雨量。

想要了解更多吗?

参见附录中的“我们的发现”。

实验 16　硝酸盐对浮萍数量的影响

题　目

浮萍数量受水中硝酸盐含量的影响。

简　介

绿草如茵的公园、碧绿宽敞的草坪以及修剪整齐的高尔夫球场所显现的活力和浓厚色彩要归功于促使植物生长的养分——化肥。大多数的化肥主要含有 3 种养分：氮、磷和钾。雨后，没有被植物吸收的化肥会被冲入附近的溪流、河流、湖泊和池塘。在流入的过程中，化肥对水生植物的影响与对为它专门设计的陆生植物的影响是一样的。然而，化肥含量会在水流入的过程中积聚，造成植物生长过度。

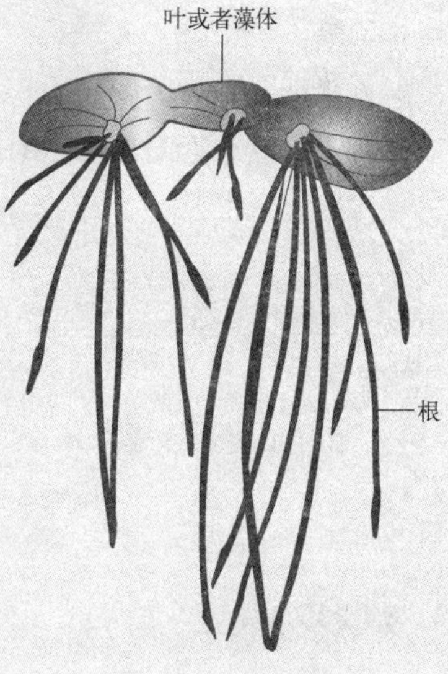

图 1　浮萍植物

对化肥反应良好的一种水生植物是浮萍，最小的开花植物中的一种。这些植物生长在世界各地静止的或缓慢流动的温暖水域中。浮萍看起来不太像典型的植物，它是单叶或者藻体（一种叶状结构）。藻体经常成团地生长，其根部在下面悬垂着（参见图 1）。在本实验中，你将在实验室培育浮萍，发现不同含量的氮如何影响浮萍的生长。

实验时间

2周

实验材料

- 80个浮萍藻体
- 4个培育皿
- 25毫升的氮溶液B
- 25毫升的氮溶液C
- 25毫升的氮溶液D
- 25毫升的自来水
- 接种环
- 放大镜或者立体显微镜
- 水性笔或者钢笔
- 彩笔
- 方格纸
- 日光灯或靠近阳光明亮的窗户
- 实验记录本

安全提示

请仔细阅读并遵守本书“实验前必读”中的“安全准则”。

实验步骤

1. 在4个培育皿上分别贴上A、B、C、D标签。

2. 向培育皿 A 中加入 25 毫升的自来水,这做实验控制用。

3. 向培育皿 B 中加入 25 毫升的氮溶液 B。氮溶液 B 含有为草坪和花园所推荐的标准浓度量的氮。

4. 向培育皿 C 中加入 25 毫升的氮溶液 C。氮溶液 C 含有为草坪和花园所推荐的标准浓度量的一半的氮。

5. 向培育皿 D 中加入 25 毫升的氮溶液 D。氮溶液 D 含有为草坪和花园所推荐标准浓度量的 2 倍的氮。

6. 用接种环把 20 个浮萍叶或者藻体转移到每个培育皿,尽管浮萍叶成团地生长,但它仍然是一种植物。

7. 把浮萍顶部放在培育皿上,把培育皿安置在日光灯下或者在阳光充足的窗户旁。

8. 连续 2 周每天都要数出每个培育皿中的浮萍叶的数量,并记录在数据表中。数出浮萍叶数量的方法:

① 使用放大镜或者立体显微镜来观察植物。

② 数出看得见的每个浮萍叶,甚至是刚刚开始生长的微小的叶。如图 2 所示,由 4 个叶组成的植物团会告诉你如何数出植物的数量。

③ 如果植物的数量极高,在纸上画一个四象限格,并把格子放置在培育皿下(参见图 3)。数出一个格子中浮萍叶的数量,然后用得到的数据乘以 4。

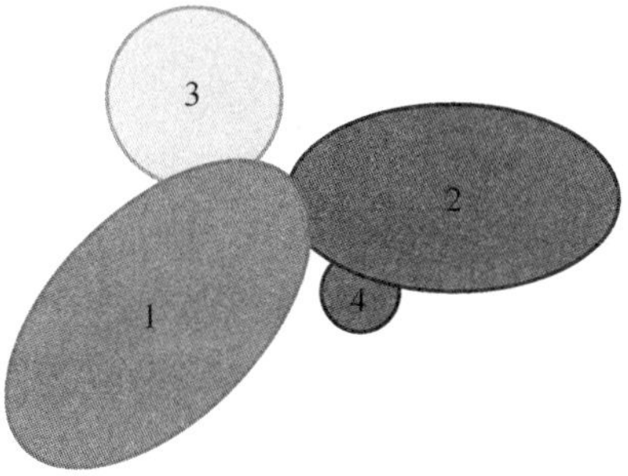

图 2　如何数出浮萍叶的数量

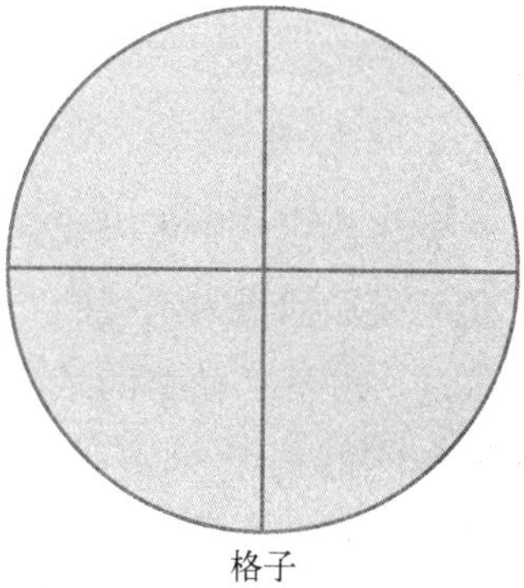

图 3　被放置在培育皿下

9. 绘制图表表示出实验的结果,把时间(天数)设为 X 轴,把浮萍叶数量设为 Y 轴。使用不同颜色的彩笔代表每个培育皿。

数 据 表

	每个培育皿中的植物的数量			
	A	B	C	D
第一天	20	20	20	20
第二天				
第三天				
第四天				
第五天				
第六天				
第七天				
第八天				
第九天				
第十天				
第十一天				
第十二天				
第十三天				
第十四天				

分 析

1. 在大多数化肥中可以找到什么养分?
2. 化肥是如何进入水域的?
3. 描述一种浮萍植物的结构。
4. 在本实验中,哪个培育皿中的浮萍生长得最好?
5. 你认为流入水域的化肥如何影响浮萍的数量? 解释你的回答。
6. 就减少化肥流入水域的问题提出一些建议。

实验中将会发生什么?

氮化合物加入水域中有助于促进植物生长的速度。浮萍是一种侵入性物种，不是美国本土的物种，所以很少有以它为能量的自然消费者和自然病害。因此，浮萍生长的速度比本土物种更快。当养分适宜，日光充足，温度适中的时候，浮萍每两天体积会增加1倍。这些植物在池塘和溪流水面迅速蔓延，阻挡住日光，使日光照射不到其下面的本土物种。任何一种植物或者藻类在水域中的这种快速生长被称作为水体的富营养化过程。

甚至是在不适宜浮萍生长的场所，水域中的氮也会引起问题。因为氮提高了植物生长的速度，所以引起水生植物快速生长，直到在水面上厚厚的簇成一团。当团状植物变得太浓密，以至于阳光和氧气不能穿透时，植物就会死亡，沉没到水底，在那里它们被耗氧的细菌分解。快速生长的细菌数量会很快消耗掉水中的氧气，剥夺其他生物存活所需要的氧气。

与现实生活的联系

自然界水体的富营养化过程是一种几十年持续发生的逐渐过程。然而，水体的富营养化过程这一问题的发生是由于人类的活动会产生包含像氮和磷这样的养分的径流。径流中的养分主要来源于农田、污水处理厂、农场和建筑工地的侵蚀。日积月累，水系中积聚的养分将摧毁其中的生态系统。

水体的富营养化过程的一个经典的事例发生在20世纪60年代加拿大和美国之间的伊利湖(Lake Eric)，那时家庭、购物中心和不断扩大的农场在湖周边地区迅速发展起来。这些发展也造成了径流的增加，径流带有大量的养分，特别是氮和磷。不久，在湖中发育起来一层层厚厚的水生植物和藻类，当它们接续死亡，并沉入水底，导致水中缺氧。没有至关重要的氧气，动物和植物就会死亡。当大量腐烂的死亡生物体冲到海岸上时，湖周边社区决定做些改变。迫于公众的关注，加拿大和美国1972年共同签署了五大连湖水质量协议。对陆地的使用进行控制，减少了流入伊利湖内的养分数量，从此这个湖逐渐恢复过来。现在，伊利湖仍然存在问题，但是较以前状况改善了许多。

想要了解更多吗?

参见附录中的“我们的发现”。

实验 17　未来的种子

题　目

科学家一直在寻找能够展示全新的、有优良适应力的种子。

简　介

种子是一种小胚胎植物，也是食物供给源，由起保护作用的种皮所覆盖(参见图 1)。依据种子类别，种子内的食物也各有不同，但是一般都含有淀粉、油或者蛋白质。生长条件不具备时，种子处于休眠或者不活跃状态。当气温和光照适宜的时候，种子开始吸收氧气和水分，促使其发芽，开始了植物的发育过程(参见图 2)。

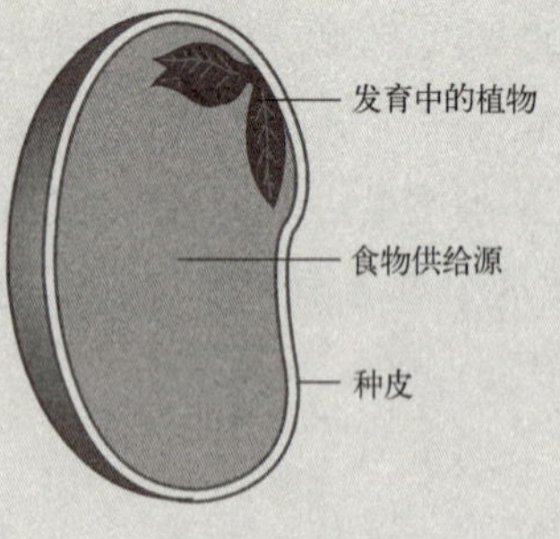

图 1　种　子

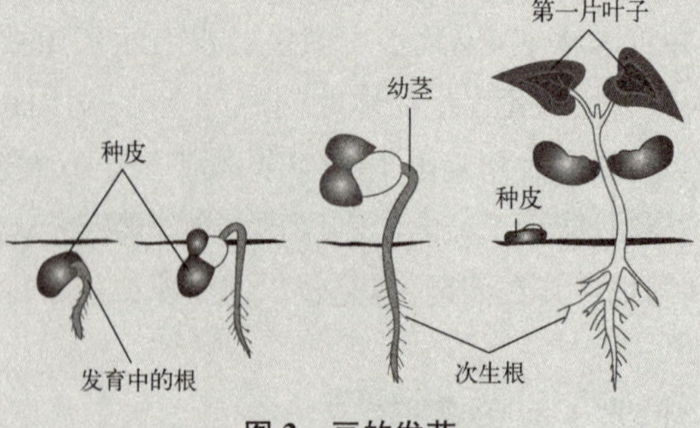

图 2　豆的发芽

科学家热衷于寻找可能会发生自然突变或者脱氧核糖核酸(DNA)变化的新种子，这有助于改进种子的生存能力。有利于生物体生存的任何特征就叫作适应力。在本实验中，你将会使种子暴露于紫外线辐射(UV)下，并观察受影响的植物是否显示出任何新的特征。

实验时间

2 周

实验材料

- 20 粒萝卜种子
- 紫外线
- 防紫外线安全护目镜
- 盆栽土壤
- 2 个中型花盆
- 尺子
- 水性笔或记号笔
- 纸巾
- 水源
- 日光灯或靠近阳光明亮的窗户
- 实验记录本

安全提示

不要直视紫外线。当在有紫外线环境下工作时，需佩戴防紫外线安全护目镜。请仔细阅读并遵守本书“实验前必读”中的“安全准则”。

实验步骤

第一天

1. 将 10 粒种子放在一张纸巾上。

2. 佩戴防紫外线安全护目镜。把有种子的纸巾放置在紫外线下。使种子一整夜置于紫外线照射下。

第二天

1. 在一个花盆上贴上“紫外线辐射”，在另一个花盆上贴上“控制”。

2. 把土壤放入花盆内。

3. 在贴有“紫外线辐射”的花盆内，种植 10 粒受紫外线辐射的种子。把 10 粒没有紫外线辐射的种子放入贴有“控制”的花盆内。轻轻地把种子放入大约 1.3 厘米深的土壤中。

4. 给每个花盆浇上相同量的水，使两个花盆中的土壤保持湿润，但不能浸泡。

5. 把这两个花盆放在日光下或在灯光下。

随后几天

1. 每天检查花盆中植物的生长状况。注意种子是否已经发芽。随着茎的形成和叶子的出现，注意叶子的颜色、形状、大小和生长的状况。

2. 在实验记录本中记录下你观察到的事情。

最后一天

1. 从贴有“紫外线辐射”的花盆中移出植物，清洁掉根部的土壤，然后把植物并排放在纸巾上。

2. 从贴有“控制”的花盆中移出植物，清洁掉根部的土壤，然后把植物并排放在纸巾上。

3. 使用尺子测量，比较两盆植物的总体大小和根的长度。在实验记录本中记录下你观察到的事情。

分 析

1. 什么叫植物适应性？

2. 为什么科学家致力于寻找新种子?

3. 哪一组植物表现出较快生长,控制组还是紫外线辐射组? 解释你的回答。

4. 哪一组植物叶子外表看起来更健康,控制组还是紫外线辐射组? 外表健康的叶子被认为是颜色呈深绿色,并且形状正常。把你种的萝卜幼苗的叶子与图 3 中的叶子相比较。

图 3

5. 哪一组植物的根部较大,控制组还是紫外线辐射组? 解释你的回答。

6. 如果你想要在严重受到酸污染的地区培育一些生长良好的玉米,你会做何种实验?

实验中将会发生什么?

地球上未来的气候条件也许会与今天的略微不同。新的植物病害正在出现,威胁着当今的庄稼。昆虫在不断地进化,越来越具有适应现存的植物的能力。由于这些不断的变化,植物进化越发能够抵抗病害和昆虫。植物间的基因差异越大,它们越有可能繁殖具有生存能力的下一代。

在自然界,植物和种子暴露于引发突变的环境,像化学品和来自太空和太阳的辐射。自然的突变速度慢,但是确实可以产生某些新的物种。突变培育是一种可以加速进化速度的技术。为数不多的突变后代可能具有抵抗害虫、恶劣气候变化和农药中的化学品的特征。

与现实生活的联系

突变培育的概念开始于美国密苏里大学的刘易斯·J.斯塔德勒(Lewis J Stadler)(1896—1964)在1928年所做的一项实验。斯塔德勒只是把种子暴露于X射线和紫外线辐射下,来观察种子是如何受到它们影响的。用这些种子培育的植物与它们没受辐射影响的原种子是有很大区别的。虽然这些植物没有显示出任何有用的特征,但是实验的结果激励了斯塔德勒继续进行种子的辐射研究。最终,他培育出了一种大麦,其产量远远高于现有的物种。

出于对斯塔德勒的研究的兴趣,以及其研究的逐渐传播,人们对许多能够抵抗病害的、更健康的植物的成功培育进行了更多的研究。例如,美国加州的科学家用辐射轰击水稻。结果,他们培育的新品种比原稻子产量更高,植株又短又粗壮。在加纳(Ghana)数百万的可可树——巧克力的原料,在近50年死于嫩芽隆起的病毒危害。科学家把可可树嫩芽暴露于辐射下,终于找到了一个抵抗这种病毒的突变体。

想要了解更多吗?

参见附录中的"我们的发现"。

实验 18　设计可重复使用的信封

题　目

可重复使用的信封既可以节约能源又可以降低污染。

简　介

根据美国环境保护机构(Environment Protection Agency)调查，人们所扔掉的大部分废物中，大约有35%是废纸(参见图1)。我们日常生活中使用纸和纸产品，包括食品包装袋、复印纸、卫生纸、纸板箱和报纸。2006年，美国产生大约8 500万吨的纸产品废物，是1960年的3倍。

生产纸需要能量。只有几种工业，如化学、汽油和煤、金属工业，在能源使用上超过了纸的生产。为了降低纸的生产，节约能源，美国环境保护机构鼓励废纸回收。这项技术要求纸回收、加工并且作为原料加入新纸的生产中。虽然回收的做法很好，但是也需要其他节能方法。创造可重复使用的纸产品，减少一次性的纸产品就是一种方法。在本实验

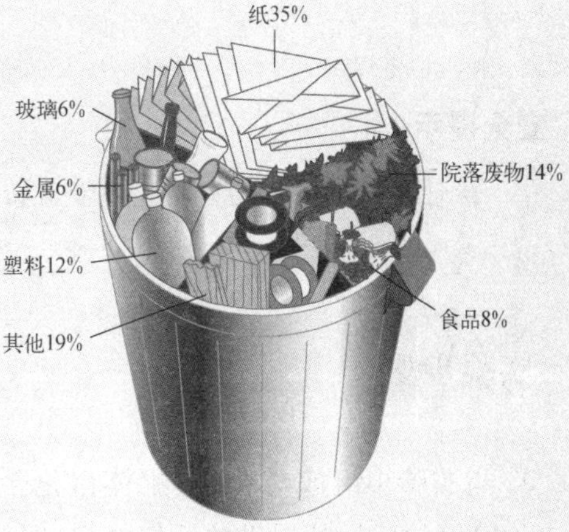

图 1

中，你将设计一个可重复使用的信封。

实验时间

55 分钟

实验材料

- 复印纸或手工纸
- 胶水
- 剪刀
- 胶带
- 尺子
- 透明面料(大约 5 厘米的正方形)
- 针
- 线
- 防水的轻质面料(大约 20 厘米×28 厘米)
- 电子秤或邮政秤
- 实验记录本

安全提示

请仔细阅读并遵守本书“实验前必读”中的“安全准则”。

实验步骤

1. 与实验小组成员合作，集体讨论至少可重复使用一次的邮政信封的设计。你可以使用教师提供的任何材料，但是不必全部使用。要牢记这几点，成品信封必须是：

① 能够容纳一张折叠的笔记本纸。

② 要设计成使用者至少可重复使用一次的信封。

③ 重量轻，不需要额外的邮费。一般信件的重量不能超过 368.5 克。所以你的信封应该不超过 283.5 克或者更轻。

2. 在实验记录本中画出你的信封的设计图。在开始项目前，出示给教师看以获得教师的批准。

3. 收集你的小组所需要的制作信封的材料。

4. 组装信封。

5. 以小组为单位，向全班展示你的信封，并解释它是如何运作的。当你演示你的设计的时候，你的同学会在数据表上的相应栏目给你打分。

分　析

1. 可重复使用的信封的优点是什么?

2. 可重复使用的信封的缺点是什么?

3. 建议一些降低纸张生产的其他方法。

4. 就你接触过的所有纸产品列一张单子。

5. 为报纸设计一则推广可重复使用信封的广告。广告中，务必声明可重复使用的信封对消费者和环境比传统信封更好的理由。

数　据　表

	信封的特点 在每个类别中，用数字代表级别。级别数分别用 3、2、1 表示，3 代表优秀，2 代表相当好，1 代表好。如果某一类别的项目没有完成，级别数为 0。			
每组的学生姓名	可以容纳一张折叠的纸	至少可以重复使用一次	重量不超过 283.5 克	引人注目

实验中将会发生什么?

寄出月结单的企业通常需要回函信封。在美国,每年的邮递中有800亿个回函信封。可重复使用的信封消除了对单个回函信封的需求,降低了纸的使用,节约了能源。对于每100万个可重复使用的信封来说,可节约2.5亿个英制热量单位。英制热量单位是用于测量热能的。一个英制热量单位相当于使0.373千克水升高0.556℃所需的能量。正确的看法是,需要71万亿个英制热量单位的能量来制造800亿个回函信封。

可重复使用的信封还可以显著地减少污染。所有的纸产品,包括可重复使用的信封,都是用化石燃料制造的。在造纸工业中,化石燃料产生超过3.73亿千克的温室气体。主要的温室气体——二氧化碳、水蒸气和甲烷,集聚在大气中,捕捉地球附近的热量。温室气体与全球变暖有关,造成了世界范围内气温的总体升高。

与现实生活的联系

重复使用邮件信封是降低能源的一个例子,是阻止浪费的方法。在降低能源的过程中,首要的是尽可能少地生产产品,因此产生较少的废物,节约能源。降低能源的一种方式是生产重量轻的产品。食品用纸产品服务业是最先使用这项技术之一的企业,它们开始制造又薄又轻的纸盘子。为了增加其耐用度,新的流线型盘子上增加了蜡或者塑料涂层。

降低能源既是个人的责任,也是企业的职责。着手行动的最佳方法是尽量使用可重复使用的产品而不是一次性产品。不使用纸杯子和纸盘子,使用陶瓷碟子;不使用一次性食品用品,因为它们会带有很多包装;纸张要正反面使用;不打印文件,使用电子文本工作;不使用邮递系统传送信件,使用电子邮件发送信息;购物时不使用商店提供的纸袋子或者塑料袋,自带布袋子。个人的行动会汇聚成强大的力量,对地球的环境保护产生深远的影响。

想要了解更多吗?

参见附录中的“我们的发现”。

实验 19　用作生物燃料的藻类

题　目

某些藻类是可用作燃料的。

简　介

石油是现代社会不可缺少的能源，石油可以用于发电和为汽车提供动力。美国大多数石油产自地球深处有限的储存量。几十年来，科学家一直在探索可再生、无污染的方法，以便大规模地提供能源。

这项探索的结果就是使用植物油作燃料。大豆中的油可以压榨产生，可用作柴油燃料。由于这种燃料来源于生物，而不是来源于地下，所以被称为生物燃料。然而，这项技术存在一些问题。大豆需要大量的农田来种植，而且大豆的产油量有限。

为了克服这些缺陷，科学家的探索转向了简单生物体——藻类。藻类在许多方面优越于大豆和其他传统庄稼。藻类既可以在不适用于其他庄稼生长的陆地上培育，也可以在略带咸味的盐水中生长。还有，每千克的藻类能比大豆产出更多的油。最近研究表明藻类可以产出足够的油，满足美国0.3%交通车辆的需求。最近科学家对硅藻和绿藻做了大量的研究。图1显示了一些常见的硅藻，图2显示了几种绿藻。在藻类农场上，这些藻类生物体可以在水浅的池塘或蓄水池中培育。在本实验中，你将对藻类生长中需要的一个因素进行试验。

图 1　硅藻

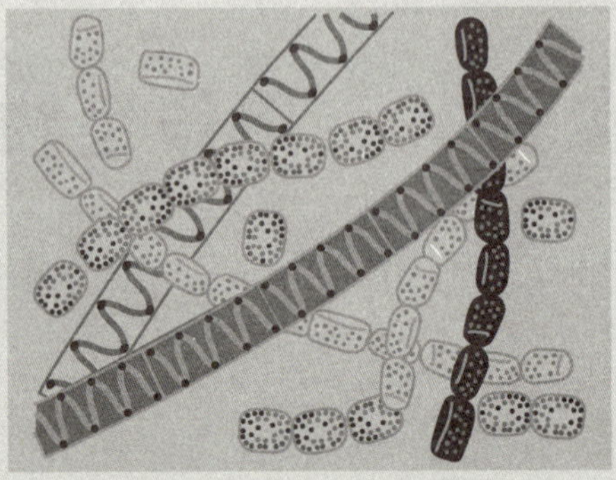

图 2　绿藻

实验时间

第一天：55 分钟
随后的 2 周时间内每天：30 分钟
实验的最后一天：55 分钟

实验材料

- 3 个带盖的培育皿
- 标有刻度的量筒
- 移液器
- 藻类培育混合物(大约 20 毫升)
- 液体肥料(大约 20 毫升)
- 氯化钠(大约 10 克)
- 电子秤或者三杆式天平
- 水性笔或记号笔
- 黑色手工纸
- 蜡纸
- 日光灯或靠近阳光明亮的窗户
- 脱氯水(大约 100 毫升)

- 实验记录本

安全提示

请仔细阅读并遵守本书“实验前必读”中的“安全准则”。

实验步骤

1. 设计并且做实验，以便发现藻类最佳生长所需要的条件。在培育皿中种植藻类。

2. 你可以使用教师提供的任何材料，但是不必使用所有的材料。

3. 实验前，确定你确切要做的事情。在数据表上写出你计划采取的步骤（实验步骤）和你计划使用的材料（材料单）。你可以对下面影响藻类生长的因素中的一个进行试验：光、温度、盐度或营养供应。要牢记这几点：

① 良好的实验需要控制。

② 需要一些测量藻类生长的方法。在本实验中，用每个培育皿中的藻类培育颜色作为测量藻类生长的方法。随着藻类的繁殖，藻类生长中的水会变得越来越绿并且混浊。把一张白纸放在每个培育皿下面，有助于你判断藻类数量的变化。

③ 设置实验进行时间大约为 2 周。

4. 写出实验步骤后，出示给教师看。如果得到教师的批准，就收集你的材料，进行实验。如果得不到教师的批准，修改你的实验步骤，再次让教师看。

5. 在你设计的数据表上收集你的实验结果。

6. 在实验的最后一天，完成你的数据，得出结论，回答分析中提出的问题。根据教师的命令处理藻类培育。

分　析

1. 为什么人类社会需要新的能源？

2. 给出“生物燃料”的定义。

3. 作为石油的替代能源，藻类比大豆有哪些优势？

4. 在你的实验中，你试验了哪一种藻类生长因素？

5. 从你的实验中你得出了什么结论？

6. 为什么藻类培育颜色是测量藻类生长的一种好方法？

7. 根据你刚刚做过的实验，建议一项后续实验。

数 据 表

实验步骤	
材料单	
教师批准	

实验中将会发生什么？

在本实验中，你培育混合藻类。像植物一样，藻类需要光、养分和二氧化碳进行生长。当条件理想时，藻类的数量能在 2 天内增长 1 倍。藻类需要光来进行光合作用。在光合作用过程中，二氧化碳和水分子使用光能和化学物来产生葡萄糖和氧气。光合作用的过程是在叶绿体中的色素叶绿素内发生。藻类分解葡萄糖获取能量，或者使用葡萄糖制造像复杂的碳水化合物或油这样的其他化合物。光、二氧化碳和养分不平衡，藻类就不能生长。

从事生物燃料研究的科学家喜欢研究藻类。葡萄藻属是一种能够产生油脂并以球形储存在藻类群中的绿色藻类。图 3 显示了几种葡萄藻属群。在目前的实验中，葡萄藻属和其他藻类很少在开放的蓄水池和池塘中生长。阳光的穿透力只有几厘米，所以深的蓄水池不适用。取而代之的是，科学家在光生物反应器中培育藻类。光生物反应器是一种能够使研究者控制环境，并阻止其他种类生物体侵犯环境的容器。一些光生物反应器是长长的塑料管，其他的是塑料袋（参见图 4）。

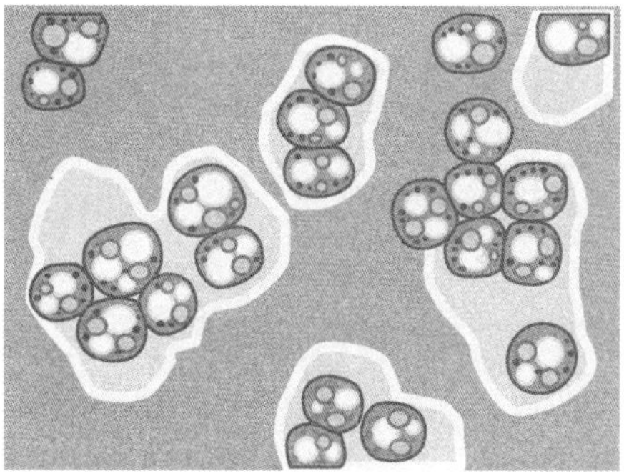

图 3　葡萄藻属

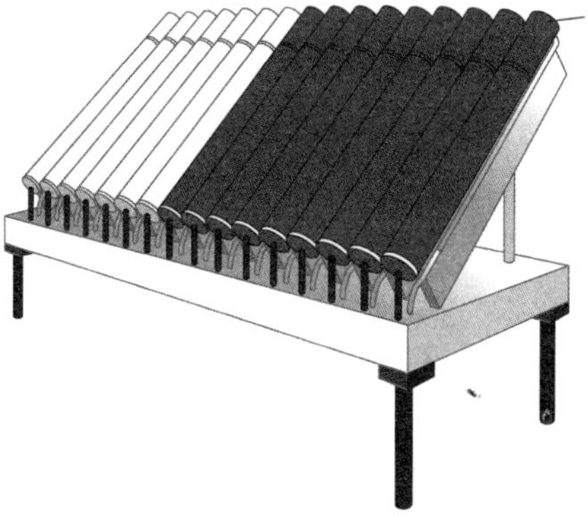

图 4　光生物反应器

与现实生活的联系

从藻类中获取油不是藻类培育得到普及的唯一原因，从生长在光生物反应器中的藻类中也可以获取碳水化合物，并用于产生乙醇——一种可以作为燃料的酒精。目前，美国正致力于把玉米作为乙醇来源这一研究。与玉米不同，藻类不需要太大的空间，也不会对当地的水路带来像硝酸盐和农药这样的污染物。此外，提取碳水化合物后残留下的蛋白质可以用作动物食品。培育藻类的另一个令人兴奋的因素是科学家正在把光生物反应器与产生二氧化碳最多的发电厂烟囱连接在一起。我们知道，过多的二氧化碳污染空气，会造成全球变暖。藻类在光合作用过程中使用二氧化碳，这就阻止了二氧化碳进入大气。

想要了解更多吗？

参见附录中的“我们的发现”。

实验 20　生态系统中的能量

题　目

只有 10%的能量从一个营养层次传送到下一个营养层次。

简　介

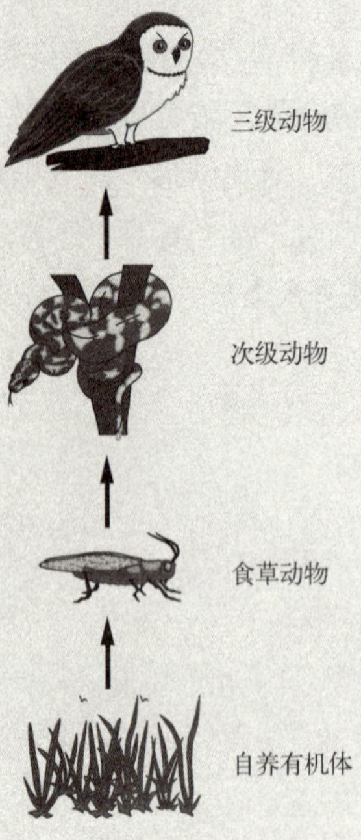

图 1

生命依靠能量。地球上大多数的生物从太阳中获得能量。然而，只有植物和藻类能够直接使用太阳的辐射能量。一类动物，即食草动物，以植物为食获得能量。另一类动物，即次级动物，以食草动物为食。同样，三级动物以次级动物为食(参见图 1)。

能量从一个营养层次传送到下一个营养层次是不够的。研究表明只有 10%的植物能量传送到食草动物，次级动物从食草动物中得到 10%的能量。随着食物链的进一步延伸，所传送的能量就越来越少。这就是在生态系统中有很多植物，相当多的食草动物，少数的次级动物，更少的三级动物的原因。能量由一个营养层次传送到下一个营养层次的过程可以用能量金字塔来表示(参见图 2)。在本实验中，你将展示能量从一

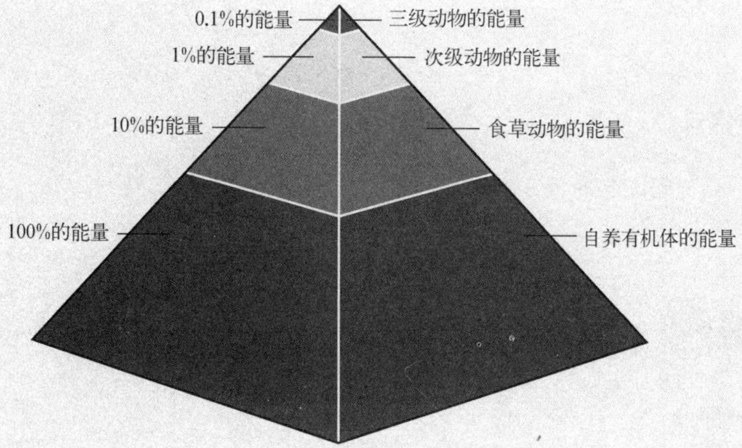

图 2　能量金字塔

个营养层次传送到下一个营养层次，然后画出表示邻近生态系统中的生物体的能量金字塔。

实验时间

第一部分：45 分钟
第二部分：45 分钟

实验材料

- 标有 100 毫升刻度的量筒
- 标有 10 毫升刻度的量筒
- 滴管或移液器
- 1 个大纸杯
- 4 个小纸杯
- 黑色水性笔或者记号笔
- 水源
- 户外区域

- 实验记录本

安全提示

请仔细阅读并遵守本书“实验前必读”中的“安全准则”。

实验步骤

第一部分

1. 与实验小组成员合作，集体讨论演示有多少能量从一个营养层次传送到下一个营养层次。可以使用教师提供的任何材料，但是不必使用所有的材料。要牢记这几点：

① 在你的演示中，用水表示能量。

② 1毫升的水等于20滴水。

2. 简要描述你记录本中做的计划。在开始项目前，把计划给教师看，以获得教师的批准。

3. 搜集你的小组建立演示所需的材料。

4. 准备演示。

5. 以小组形式向全班同学进行演示，并解释其是如何运作的。

第二部分

1. 与小组成员一起，跟随教师到指定的户外区域，大约静坐15分钟，观察你周围生态系统中的生物体。

2. 在记录本中记下你看到的所有生物体的名字。如果你不知道生物体的名字，悄悄与你的实验伙伴谈论，给它取个昵称或号码，便于实验期间使用。例如，如果你看见三种不同种类的蝴蝶，你可以称它们为“黄蝴蝶”“蓝蝴蝶”和“绿蝴蝶”，或者“蝴蝶1”“蝴蝶2”和“蝴蝶3”。

3. 在记录本中每个生物体名字的旁边，记录你看到的生物体的数量（参见样本数据表）。

4. 给生物体贴标签，标明自养有机体、食草动物或次级动物。如果你不知道怎样对生物体进行分类，与你的小组成员讨论。如果你仍然需要帮助，向教师求助。

样本数据表

生物体的种类	生物体的数量	生物体的类别
有扁平叶子的高树	2	自养有机体
灌木 1	34	自养有机体
灌木 2	6	自养有机体
草	241	自养有机体
野花 1	3	自养有机体
野花 2	2	自养有机体
黄蝴蝶	1	食草动物
蓝蝴蝶	2	食草动物
绿蝴蝶	1	食草动物
毛虫	13	食草动物
蜘蛛	3	次级动物
蓝色鸟	1	次级动物
棕色鸟	2	食草动物

分　析

1. 大多数的生物在哪里获得能量?

2. 生态系统中哪一种生物体最常见：自养有机体、食草动物还是次级动物?为什么?

3. 当能量从一个营养层次传送到下一个营养层次时,能量会发生什么变化?

4. 在你的演示中,用什么来代表能量? 用什么来代表生物体?

5. 绘制出样本数据表中所包括的所有生物体的能量金字塔。

6. 绘制出你户外所观察到的所有生物体的能量金字塔。

实验中将会发生什么?

某一特定区域的生物和非生物构成了生态系统,生态系统的范围变化很大,小到水坑中的水,大到数百平方千米的沙漠。食物链表示生态系统中的一系列的喂养关系。食物网(参见图 3)显示了生态系统中的各种食物链是如何相互联系的。

图3 食物网

能量通过食物链的营养层次进行传送。在传送能量的过程中,各层次有用的能量以热量的形式丧失掉。能量的丧失归于两个因素:一个是各层次的生物体使用能量以维持生命;另一个是传送的过程不能100%的有效。由于可得到的维持生命的能量总量在减少,所以生物体的数量和质量从一个营养层次到下一个营养层次也是在减少。

生态系统中的各个营养层次的数量有变化。一般来说,陆地生态系统有3个营养层次,水生生态系统有四五个营养层次。产生这种差异的原因是由于各个系统的自养有机体内存在根本差异。陆地自养有机体获取太阳的能量,用以制造葡萄糖和其他糖类,即由葡萄糖制造的复杂分子。水生自养有机体制造葡萄糖,用来形成糖类和油脂,即比糖类储存更多能量的分子。因此,水生系统中各个营养层次之间能量的传送更有效。除此之外,水生系统中初级自养有机体是浮游植物,它们是完全被很小动物吃掉的微小的浮游生物。浮游生物的各个部分被食草动物使用。在陆地上,像草、灌木、树木和其他植物都有根、茎和其他不能被食草动物使用的部分。因此,自养有机体获得的能量很少沿着食物链传送下去。

与现实生活的联系

植物细胞和一些藻类中的一个基本细胞器是叶绿体，即含有叶绿素的结构。叶绿素在光合作用过程中获得能量，在葡萄糖分子结合过程中把太阳的辐射能量转化成化学能量。空气中的二氧化碳是制造葡萄糖所需的碳的来源。光合作用的方程式是：

二氧化碳＋水＋太阳的能量→葡萄糖＋氧气

$6CO_2 + 6H_2O +$ 太阳的能量 $\rightarrow C_6H_{12}O_6 + 6O_2$

动物和分解体是不能进行光合作用的生物，它们通过消耗自养有机体制造的葡萄糖来获取能量，以便生存。细胞呼吸是在细胞的线粒体中发生的过程。在细胞呼吸中，葡萄糖分子的化学键被分裂，释放出能量。细胞呼吸的方程式是：

葡萄糖＋氧气→二氧化碳＋水＋能量

$C_6H_{12}O_6 + 6O_2 \rightarrow 6CO_2 + 6H_2O +$ 能量

这两个化学反应——光合作用和细胞呼吸，互相依赖，其中一种的产物形成了另一种的反应物(参见图 4)。

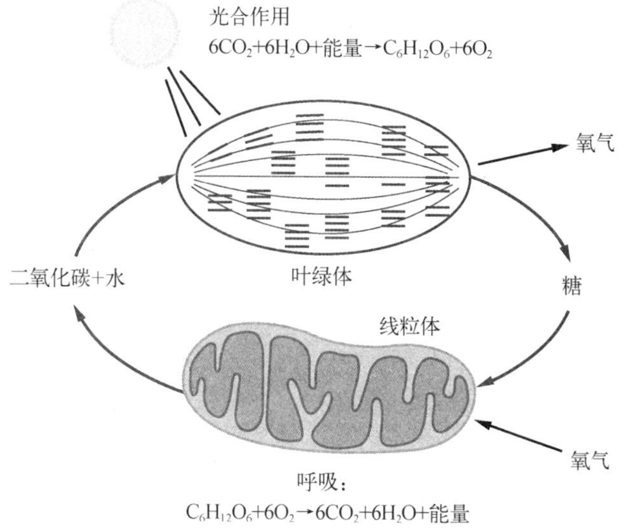

图 4

想要了解更多吗?

参见附录中的“我们的发现”。

附　录

实验环境的设置

本书中的实验都是根据实验时所使用的材料和设备进行分类的，分类如下：

- “学校实验”标题下的实验，使用的设备和材料都只能在实验室中找到，并必须在实验室中进行。
- “家庭实验”标题下的实验所使用的材料都是家中常备或日常使用的东西。这些实验只需要在有成人监督的情况下在家中进行。
- “户外实验”，既可以在学校进行也可以在家中进行，只需要有成人监督即可。

学校实验

实验 1　检测水中的大肠菌群
实验 2　环境污染物对水蚤的影响
实验 7　太阳能
实验 8　重复使用水瓶的安全性
实验 9　风能
实验 10　臭氧的试验
实验 11　石油的生物降解
实验 16　硝酸盐对浮萍数量的影响
实验 19　用作生物燃料的藻类
实验 20　生态系统中的能量

家庭实验

实验 4　植物在灰水和自来水中长势相同吗？

实验 6　人们扔掉了什么？

实验 12　味道试验

实验 13　太阳能热水器

实验 14　酵母的数量增长

实验 15　酸雨是如何影响彩叶草的？

实验 17　未来的种子

实验 18　设计可重复使用的信封

户外实验

实验 3　入侵物种的密度

实验 5　制造并使用浑浊度测试管

我 们 的 发 现

实验 1　检测水中的大肠菌群

课堂讨论建议：让学生解释为什么需要净化水。

教师建议：可以增加两个实验步骤，允许学生测试水龙头流出的水（应当不含有大肠菌群）和厕所水（含有大肠菌群）。此外，可以让学生多准备一些水样的培养皿，准备 50％的漂白溶液供学生在实验后清洗带有细菌的盘子。

分　析

1. 100 毫升。
2. 答案会有所不同。培养皿被放置一段时间的目的是让菌群有生长的时间。
3. 根据采集的水样答案会不同。
4. 实验的目的是决定水域中是否存在危险的细菌。

5. 答案会有所不同。水龙头中的水不应当含有肠杆菌群。

6. 答案会有所不同。厕所水中最可能含有肠杆菌群。

实验 2　环境污染物对水蚤的影响

课堂讨论建议： 让学生列出一些生态环境污染的信号，让他们理解当我们能够看到生态遭到破坏的时候，很多微生物就已经遭受致命的损害了。

教师建议： 测试的溶液（污染物）可以为海水、酸、油和防冻剂等，但并不局限于这些物质。

分　析

1. 答案会有所不同。

2. 依据学生的实验答案会有所不同。

3. 答案会有所不同。但高浓度的污染物最容易导致水蚤的死亡。

4. 食物链中任何一环的缺失都可能导致整个生态系统的变化。很多水蚤以单细胞藻类为食，它们是光合作用和其他小动物的联系体。

5. 水蚤数量的改变预示着整个生态系统遭受了污染。

实验 3　入侵物种的密度

课堂讨论建议： 向学生展示在附近采集的两株或三株植物，问他们："你们觉得这些植物来自哪里？"引导学生理解有些物种是本地的，有些是外来的、非本生态系统中的物种。

教师建议： 指定一块大约 100 平方米的户外采样区域，决定这片采样区域的边界，让学生能够找到他们的采样象限。本实验要求学生统计 3 个象限中的物种数量，但是如果时间允许的话，可以让他们选择 5 个象限。让学生计算出各自小组结果，并根据全班同学的数据计算出更精确的物种密度结果。在上课前，考察当地的入侵物种，并给学生看一些这些植物标本。

分　析

1. 入侵物种指外来的、非本生态系统中的物种。

2. 答案会有所不同。入侵物种没有天敌，因此它们繁殖迅速，并且会用尽本地物种所需的资源。

3. 科学家通过检测物种的密度来考察它们数量的变化。

4. 答案会有所不同。

5. 学生们可以选择更多的区域以便得到更精确的结果。

6. 答案会有所不同。

实验 4　植物在灰水和自来水中长势相同吗？

课堂讨论建议： 让学生对“干旱”一词下定义，并讨论在干旱的情况下怎么节水。让学生们理解有些被当作废水的水事实上可以再利用。

分　析

1. 灰水是来自洗澡水、洗衣水和其他生活用水的废弃水，但厕所水和洗碗用水除外。

2. 本实验的目的是探寻植物在灰水和自来水中长势是否相同。

3. 除非所有的变量都被控制住，否则实验者无法解释数据。

4. 答案会有所不同。学生们可以将所有的植物都放置于同一区域，以保持温度相同。

5. 答案会有所不同。

实验 5　制造并使用浑浊度测试管

课堂讨论建议： 向学生展示净水和泥水，让他们解释这两种水样的区别以及产生的原因。

分　析

1. 浑浊度是水中污染物的指数。

2. 圆形塑料片是浑浊度测试管底部的一个记号，通过观察它，观察者可以测量水的浑浊情况。

3. 答案会有所不同。测试管必须透明，因此光线可以照射进去。

4. 科学家可能监控水域中对健康产生影响的各项因素。

5. 答案会有所不同，但是学生们可能会得出不同的数值。不同的个体通过浑浊度测试管观察圆形塑料片的能力可能有所不同。

实验6　人们扔掉了什么？

课堂讨论建议： 让学生回答这个问题：最常见的垃圾是什么？实验后，重新回到这个问题。

教师建议： 这是一项课堂活动项目，因此需要为学生提供出场地（白板、黑板、幻灯机）来完成他们的数据。

分　析

1. 根据各家庭差异答案会有所不同。
2. 根据各家庭差异答案会有所不同。
3. 根据各班级差异答案会有所不同。
4. 根据各班级差异答案会有所不同。
5. 50.68 千克，608.16 千克。

实验7　太阳能

课堂讨论建议： 让学生建议一些可再生的能源的来源。讨论可再生和不可再生的资源的区别。

教师建议： 如果窗户上没有阳光照射，使用高瓦数的灯。

分　析

1. 根据实验数据答案会有所不同。

2. 根据实验数据答案会有所不同。

3. 当一半的太阳能电池被覆盖时，直流太阳能电动机的转数下降。下降是由于太阳能电池产生能源的表面损失了一半的原因。

4. 答案会有所不同。学生也许会建议使用更多的太阳能电池或者改进日光下太阳能电池的位置。

5. 答案会有所不同，但是可以包括路灯、在偏远地区提供能源或者太阳能计算器。

6. 答案会有所不同，但是学生会说太阳能无污染，可随意使用。

7. 答案会有所不同，但是学生会说太阳能电池昂贵，需要大量的太阳能电池才能获得足够的能源为家庭提供照明、为企业提供电能。

实验8 重复使用水瓶的安全性

课堂讨论建议：问学生他们当中有多少人使用水瓶？找出有多少学生使用空瓶喝水。提出这个问题：用空瓶喝水会构成危险吗？

教师建议：准备好的琼脂培养基平板应该储存在冰箱里。倒着堆积琼脂培养基平板，以便冷凝物不会滴落到上面。使用前，把琼脂培养基平板从冰箱里拿出来，放置几个小时，以便它们达到室内温度。你也许想要结合实验12"味道试验"做本实验。

分 析

1. 依据实验结果答案会有所不同，但是来自重复使用的瓶子的培养皿最有可能显示出生长的细菌最多。

2. 依据实验结果答案会有所不同。

3. 答案会有所不同，但是可以包括在第一天、第二天和第三天拿走棉签。

4. 答案会有所不同。漂白剂灭菌。

5. 答案会有所不同。学生会建议使用可彻底清洗的大开口的可重复使用的瓶子。

实验9 风能

课堂讨论建议：让学生描述一些由依靠燃烧化石燃料的发电厂所引起的问题。让学生建议一些化石燃料的替代物，并指出这些替代物的优点。

分 析

1. 电压表测量由风车发电的伏特量或者电势。

2. 依据实验结果答案会有所不同。

3. 答案会有所不同,但是可以包括一个较大的风车或者几个共同运转的风车。

4. 风力发电不会造成污染,是费用低、可再生的资源。一些人不想在他们的社区内安装风车,因为风车会发出噪音,也会对鸟儿造成危险。

5. 答案会有所不同,但是可以包括在没有电的偏远地区使用风力发电。

实验 10　臭氧的试验

课堂讨论建议: 问学生是否熟悉臭氧的气味。解释雷雨后或者靠近复印机时他们也许闻到过臭氧的气味。

分　析

1. 平流层臭氧或者“好的”臭氧保护地球不受强烈的紫外线辐射的伤害。对流层臭氧或者“坏的”臭氧(浓度高)是污染物。

2. 地表上空的臭氧伤害呼吸道的细嫩组织。

3. 依据实验结果答案会有所不同。

4. 答案会有所不同。发现可能是不同,因为不同个体对颜色感知不同。

5. 当相对湿度(反映空气中的湿度)高的时候,由臭氧引起的碘化钾氧化会发生得更快,程度更大。

实验 11　石油的生物降解

课堂讨论建议: 让学生解释为什么漏油会对海岸上和海洋中的生态系统造成危害。

教师建议: 如果可能的话,从已经被石油污染的地区取土壤样本。这些土壤也许含有一些在石油中获取能量的物种。如果你接触不到有油的土壤,选取富含有机物的土壤。

分　析

1. 油斑试验要求一滴含油的材料被放在牛皮纸上,油就会使牛皮纸呈现半透明的外观。

2. 一些细菌能把石油当作食物吃。

3. 答案会有所不同。生物既需要有机养分，也需要无机养分。

4. 答案会有所不同。含有最多的吃油细菌的土壤样本在油斑试验中会产生最少的油斑。

5. 控制可以为你的实验结果提供一些相比较的对照标准。

6. 答案会有所不同。学生会建议使用细菌来分解码头周围水域中的石油或者分解从公路上冲刷过来的石油。

实验 12　味道试验

课堂讨论建议：问多少学生认为瓶装水比自来水味道好。实验后重新进行这一非正式调查。

教师建议：你也许想要结合实验 8“重复使用水瓶的安全性”做本实验。

分　析

1. 依据实验结果答案会有所不同。
2. 依据实验结果答案会有所不同。
3. 依据实验结果答案会有所不同。
4. 答案会有所不同，但是会包括便利这一因素。
5. 答案会有所不同，但是会包括数 10 亿塑料瓶所造成的环境问题或者重复使用水瓶的安全性问题。

实验 13　太阳能热水器

课堂讨论建议：问学生有多少人喜欢冲热水淋浴。让一个或者两个学生解释淋浴中的水是如何加热的。简短讨论用化石燃料加热水对环境的影响。

教师建议：本实验可以使用各种材料。可以添加、删除或者替代材料单上的项目。

分　析

1. 被动式太阳能热水器放置在日光下，集聚太阳能量。它们建造简单，并且廉价。但是也许不会一贯地产生许多热水。主动式太阳能热水器产生的水较热，因为它们把太阳光集聚在集电器上，然后储存温水，防止热量流失。

2. 答案会有所不同。学生会建议温水流经漏斗进入隔热保温水箱里。

3. 答案会有所不同。

4. 答案会有所不同，但是会包括洗澡、洗盘子或者提高室内温度。

5. 答案会有所不同。如果几天没有太阳的照射，太阳能热水器就不会产生热水，这种系统也许需要一个备用热水器。

实验 14　酵母的数量增长

课堂讨论建议：找出多少学生喜欢酵母面包。让学生讨论酵母在面包制作中的作用。

分　析

1. 在细胞呼吸过程中，酵母使用氧气来分解葡萄糖、水和二氧化碳。当没有氧气时，在发酵过程中，酵母把葡萄糖转化成酒和二氧化碳。

2. 糖。

3. 如果幻灯片上有太多的细胞要数的话，人们就可以先数出一个象限内的细胞数量，然后对这个数量乘以 4。

4. 呈指数函数增长。

5. 在第十天。酵母的数量停止增长。

实验 15　酸雨是如何影响彩叶草的？

课堂讨论建议：给学生看一张已经遭受酸雨破坏的森林图片（在互联网上可以找到许多这样的图片）。在没有透露破坏的原因的情况下，让学生解释可能会发生什么事情。引导他们认识到酸雨几十年来一直在破坏森林，并且这种破坏呈上升趋势。

教师建议：依据学生的技能水平，你倾向于提供酸（而不是醋）供学生使用。你也可以稀释酸溶液，以便酸溶液具有不同的 pH 值。

分　析

1. 控制可以为你的实验结果提供一个相比较的对照标准。

2. 答案会有所不同。

3. 答案会有所不同，但是最好的结果（最好的根繁殖）可能发生在酸浓度最低的杯子里。

4. 答案会有所不同。酸雨降低了植物的健康的根的繁殖。

5. 答案会有所不同。没有强壮的根或者叶子的植物不能够进行生命过程，这会影响其他生物。

实验 16　硝酸盐对浮萍数量的影响

课堂讨论建议：与学生讨论排水池这一概念。解释环绕水系的所有土地如何有助于水流进水域里。让学生建议一些源于水流排水道所产生的问题。

教师建议：制作 3 种不同浓度的氮肥溶液（硝酸铵是最可取的）。为了准备溶液，清洗 3 个容量为 3 升的罐子，向每个罐子里注入 3 升的水。在罐子上贴上 B、C 和 D 标签。向罐子 B 中加入盒子上或者袋子上建议的化肥量，使化肥和水相混合直到完全溶解。向罐子 C 中加入所建议的化肥量的一半，使化肥和水相混合直到完全溶解。向罐子 D 中加入所建议的化肥量的 2 倍，使化肥和水相混合直到完全溶解。

分　析

1. 氮、磷和钾。

2. 化肥通过排水道进入水域。

3. 浮萍植物是一种单藻体或者叶。

4. 答案会有所不同，但是生长最好的浮萍可能在培育皿 D 中。

5. 答案会有所不同。化肥浓度的增加会提高浮萍的数量。

6. 答案会有所不同，但是会包括在水系附近限制使用化肥，并建造阻止物质被带进水系的侵蚀屏障。

实验 17 未来的种子

课堂讨论建议：问学生新种类的种子是从哪里来的。在实验前，回顾一下基因信息 DNA 和突变这些概念。

分 析

1. 植物适应性是任何有助于植物生存的特征。

2. 新种子会提供有用的特征，像植物个头较大、用作食物的种子蛋白质含量高或者能够抵抗干旱或者虫害的植物。

3. 依据学生的实验结果答案会有所不同。

4. 依据学生的实验结果答案会有所不同。

5. 依据学生的实验结果答案会有所不同。

6. 答案会不同。学生会建议把玉米种子暴露在酸性环境下，来观察哪些生存的最好。

实验 18 设计可重复使用的信封

课堂讨论建议：给学生看一张内有回函信封的信封样本（你也许想要用心脏协会或者动物保护协会的邮件，而不是账单邮件作例子）。让学生想象他们在做事务中负责节约纸张。问他们为了减少这种邮寄用纸量，他们会做些什么。

分 析

1. 可重复使用的信封延长了纸产品的寿命，并减少了纸张的生产。

2. 答案会有所不同，但是学生会说可重复使用的信封需要特殊的生产技能，也许不会直挺，人们也许不知道如何使用它们。

3. 答案会有所不同，但是会包括回收、在纸的背面书写和使用电子版而不是复印版。

4. 答案会有所不同，但是会包括笔记本纸、麦片包装盒、纸巾、快餐食品包装纸和用于印书的纸。

5. 答案会有所不同。

实验19　用作生物燃料的藻类

课堂讨论建议：问学生我们在哪可以得到汽油。回顾一下汽油是原油产品的这一概念。了解有关原油供给学生知道些什么。

分　析

1. 现代社会的电厂、工业和交通的运转依靠石油，地球的石油资源即将用光。

2. 生物燃料是指石油或者其他由植物形成的易燃化合物。

3. 藻类可以种植在不适合农业的地区，几乎不需要照看。

4. 依据实验设计答案会有所不同。

5. 依据实验结果答案会有所不同。

6. 深颜色表明藻类群很厚。

7. 答案会有所不同，但是学生会建议试验另一个养分因素、氧气量、暴露于光的量或者设置仪器。

实验20　生态系统中的能量

课堂讨论建议：学生有时误认为动物只吃植物的叶子，所以讨论动物可吃的植物的一些其他部分。一些例子包括橡子、植物的根和球茎、花蜜等。

分　析

1. 太阳。

2. 自养有机体最常见，因为它们直接捕获和使用能量。以自养有机体为食的动物的数量取决于有多少自养有机体可用作食物。

3. 当能量从一个营养层次传送到下一个营养层次时，能量会以热量的形式丧失掉。

4. 水代表能量。生物体的代表物会有变化，但是学生也许已经使用了像杯子这样的容器。

5. 看下面的图。

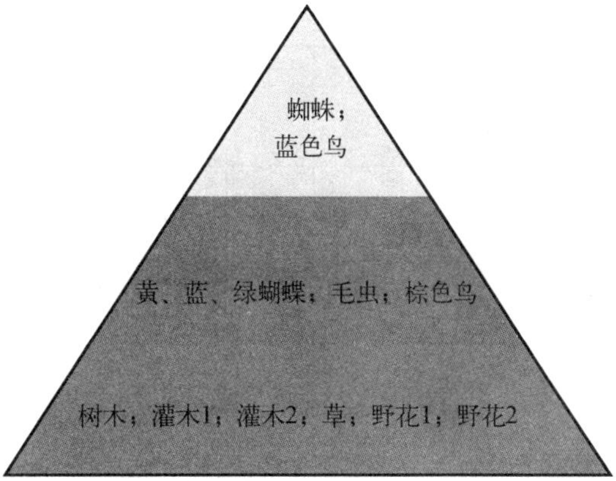

6. 依据实验结果答案会有所不同。

元素周期表

周期＼族	1	2	3	4	5	6	7	8	9	10	11	12	13	14	15	16	17	18	电子层	0族电子数
	IA	IIA	IIIB	IVB	VB	VIB	VIIB	VIII			IB	IIB	IIIA	IVA	VA	VIA	VIIA	0		
1	1 H 氢 $1s^1$ 1.007 94(7)																	2 He 氦 $1s^2$ 4.002 602(2)	K	2
2	3 Li 锂 $2s^1$ 6.941(2)	4 Be 铍 $2s^2$ 9.012 182(3)											5 B 硼 $2s^22p^1$ 10.811(7)	6 C 碳 $2s^22p^2$ 12.010 7(8)	7 N 氮 $2s^22p^3$ 14.006 7(2)	8 O 氧 $2s^22p^4$ 15.999 4(3)	9 F 氟 $2s^22p^5$ 18.998 403 2(5)	10 Ne 氖 $2s^22p^6$ 20.179 7(6)	L K	8 2
3	11 Na 钠 $3s^1$ 22.989 769 28(2)	12 Mg 镁 $3s^2$ 24.305 0(6)											13 Al 铝 $3s^23p^1$ 26.981 538 6(8)	14 Si 硅 $3s^23p^2$ 28.085 5(3)	15 P 磷 $3s^23p^3$ 30.973 762(2)	16 S 硫 $3s^23p^4$ 32.065(5)	17 Cl 氯 $3s^23p^5$ 35.453(2)	18 Ar 氩 $3s^23p^6$ 39.948(1)	M L K	8 8 2
4	19 K 钾 $4s^1$ 39.098 3(1)	20 Ca 钙 $4s^2$ 40.078(4)	21 Sc 钪 $3d^14s^2$ 44.955 912(6)	22 Ti 钛 $3d^24s^2$ 47.867(1)	23 V 钒 $3d^34s^2$ 50.941 5(1)	24 Cr 铬 $3d^54s^1$ 51.996 1(6)	25 Mn 锰 $3d^54s^2$ 54.938 045(5)	26 Fe 铁 $3d^64s^2$ 55.845(2)	27 Co 钴 $3d^74s^2$ 58.933 195(5)	28 Ni 镍 $3d^84s^2$ 58.693 4(4)	29 Cu 铜 $3d^{10}4s^1$ 63.546(3)	30 Zn 锌 $3d^{10}4s^2$ 65.38(2)	31 Ga 镓 $4s^24p^1$ 69.723(1)	32 Ge 锗 $4s^24p^2$ 72.64(1)	33 As 砷 $4s^24p^3$ 74.921 60(2)	34 Se 硒 $4s^24p^4$ 78.96(3)	35 Br 溴 $4s^24p^5$ 79.904(1)	36 Kr 氪 $4s^24p^6$ 83.798(2)	N M L K	8 18 8 2
5	37 Rb 铷 $5s^1$ 85.467 8(3)	38 Sr 锶 $5s^2$ 87.62(1)	39 Y 钇 $4d^15s^2$ 88.905 85(2)	40 Zr 锆 $4d^25s^2$ 91.224(2)	41 Nb 铌 $4d^45s^1$ 92.906 38(2)	42 Mo 钼 $4d^55s^1$ 95.96(2)	43 Tc 锝 $4d^55s^2$	44 Ru 钌 $4d^75s^1$ 101.07(2)	45 Rh 铑 $4d^85s^1$ 102.905 50(2)	46 Pd 钯 $4d^{10}$ 106.42(1)	47 Ag 银 $4d^{10}5s^1$ 107.868 2(2)	48 Cd 镉 $4d^{10}5s^2$ 112.411(8)	49 In 铟 $5s^25p^1$ 114.818(3)	50 Sn 锡 $5s^25p^2$ 118.710(7)	51 Sb 锑 $5s^25p^3$ 121.760(1)	52 Te 碲 $5s^25p^4$ 127.60(3)	53 I 碘 $5s^25p^5$ 126.904 47(3)	54 Xe 氙 $5s^25p^6$ 131.293(6)	O N M L K	8 18 18 8 2
6	55 Cs 铯 $6s^1$ 132.905 451 9(2)	56 Ba 钡 $6s^2$ 137.327(7)	57—71 La—Lu 镧系	72 Hf 铪 $5d^26s^2$ 178.49(2)	73 Ta 钽 $5d^36s^2$ 180.947 88(2)	74 W 钨 $5d^46s^2$ 183.84(1)	75 Re 铼 $5d^56s^2$ 186.207(1)	76 Os 锇 $5d^66s^2$ 190.23(3)	77 Ir 铱 $5d^76s^2$ 192.217(3)	78 Pt 铂 $5d^96s^1$ 195.084(9)	79 Au 金 $5d^{10}6s^1$ 196.966 569(4)	80 Hg 汞 $5d^{10}6s^2$ 200.59(2)	81 Tl 铊 $6s^26p^1$ 204.383 3(2)	82 Pb 铅 $6s^26p^2$ 207.2(1)	83 Bi 铋 $6s^26p^3$ 208.980 40(1)	84 Po 钋 $6s^26p^4$	85 At 砹 $6s^26p^5$	86 Rn 氡 $6s^26p^6$	P O N M L K	8 18 32 18 8 2
7	87 Fr 钫 $7s^1$	88 Ra 镭 $7s^2$	89—103 Ac—Lr 锕系	104 Rf 钅卢* $(6d^27s^2)$	105 Db 𨧀* $(6d^37s^2)$	106 Sg 𨭎* $(6d^47s^2)$	107 Bh 𨨏* $(6d^57s^2)$	108 Hs 𨭆* $(6d^67s^2)$	109 Mt 鿏* $(6d^77s^2)$	110 Ds 鐽* $(6d^87s^2)$	111 Rg 錀* $(6d^{10}7s^1)$									

原子序数 ← 19 K → 元素符号
钾 → 元素名称
注*的是人造元素
原子量 ← 39.098 3 (1)
$4s^1$ ↓ 外围电子的构型
括号指可能的构型

镧系	57 La 镧 $5d^16s^2$ 138.905 47(7)	58 Ce 铈 $4f^15d^16s^2$ 140.116(1)	59 Pr 镨 $4f^36s^2$ 140.907 65(2)	60 Nd 钕 $4f^46s^2$ 144.242(3)	61 Pm 钷 $4f^56s^2$	62 Sm 钐 $4f^66s^2$ 150.36(2)	63 Eu 铕 $4f^76s^2$ 151.964(1)	64 Gd 钆 $4f^75d^16s^2$ 157.25(3)	65 Tb 铽 $4f^96s^2$ 158.925 35(2)	66 Dy 镝 $4f^{10}6s^2$ 162.500(1)	67 Ho 钬 $4f^{11}6s^2$ 164.930 32(2)	68 Er 铒 $4f^{12}6s^2$ 167.259(3)	69 Tm 铥 $4f^{13}6s^2$ 168.934 21(2)	70 Yb 镱 $4f^{14}6s^2$ 173.054(5)	71 Lu 镥 $4f^{14}5d^16s^2$ 174.966 8(1)
锕系	89 Ac 锕 $6d^17s^2$	90 Th 钍 $6d^27s^2$ 232.038 06(2)	91 Pa 镤 $5f^26d^17s^2$ 231.035 88(2)	92 U 铀 $5f^36d^17s^2$ 238.028 91(3)	93 Np 镎 $5f^46d^17s^2$	94 Pu 钚 $5f^67s^2$	95 Am 镅* $5f^77s^2$	96 Cm 锔* $5f^76d^17s^2$	97 Bk 锫* $5f^97s^2$	98 Cf 锎* $5f^{10}7s^2$	99 Es 锿* $5f^{11}7s^2$	100 Fm 镄* $5f^{12}7s^2$	101 Md 钔* $(5f^{13}7s^2)$	102 No 锘* $(5f^{14}7s^2)$	103 Lr 铹* $(5f^{14}6d^17s^2)$

注：1．原子量录自2007年国际原子量表，以$^{12}C=12$为基准。原子量末位数的准确度加注在其后括号内。
2．近年国际纯粹化学和应用化学联合会（IUPAC）推荐元素周期表按顺序由第1至第18进行分族。